JN022399

# 極狭キッチンで
# 絶品！自炊ごはん

きじまりゅうた

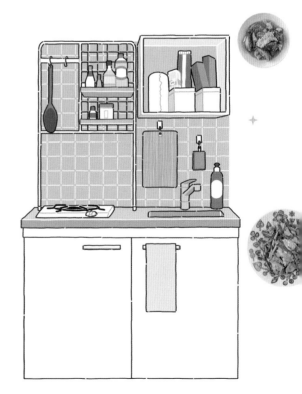

新星出版社

12ページにつづく

# 極狭キッチン自炊

**その1** **ハサミを使えば、**
まな板＆包丁いらず

**その2** **シンクの上も**
**コンロの上も調理台**だと心得よ

**その3** **コンロ＋電子レンジテク**で
夢の2品同時調理も実現可能

**その4** 肉や魚が入っていた
**トレーはバット**だ。そういえば形も似てる

**その5** 小回りがきく**20cmフライパン**で
省スペース＆スピード調理

# 成功への10カ条

## その6
### 炊飯器は思いのほか煮込み料理が得意である

## その7
### すでに切ってある「カット野菜&カット肉」を使い倒せ

## その8
### 混ぜる&漬ける！ポリ袋こそ最強の極狭アイテムだ

## その9
### コールドスタートで油ハネを抑え掃除もラクラク

## その10
### とにかく手順が大事！レシピ通りで段取りマスター

※コールドスタートとは、フライパン（や鍋）に油と材料を入れてから点火する方法のこと

極狭テク
必見ですよ！

読みます～

目からウロコの極狭テク満載！

# 極狭キッチン攻略の章

＼1皿で大満足！／

# 人気の定番おかずの章

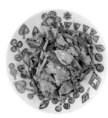

**column 1** **3分でできる小さいおかず** —— 70

\最速なのに激旨！/

# ごはん・めん・パンの章

＼2品同時に完成！／

## 極狭キッチンで献立の章

# 極狭キッチンは自分だけのコックピット！
# 直感的に作れるスゴ技レシピで、誰でもすぐおいしい

　世の中には、料理のレシピが無限に存在する。簡単やら時短やら、ネット
で料理名を検索すれば、それこそいくらでも見つかる。そして実際、優れた
レシピはたくさん存在するが、「それはすべての人にとって作りやすいレシ
ピなのか？」と問われれば、答えはなかなか難しい。「作りやすさ」は「作
る人が誰なのか」で変わるからだ。

　キッチン環境もそのひとつだと思う。1口コンロに小さいシンク。作業ス
ペースも冷蔵庫も小さい。そんな極狭キッチンで合理的に作れるレシピに特
化したのがこの本だ。

　かくいう私の自宅のキッチンも、料理研究家にしては小さいと思う。仕事
場のキッチンスタジオこそ、3口コンロが2つ＋冷蔵庫3台という広さだが、
自宅は普通のコンパクトなキッチンで、作業スペースも狭い。でも、自分と
妻の2人分の料理を作るには、とくに不便なく料理している。逆に狭さを生
かし、調理器具や調味料は手を伸ばせば届く自分好みの配置にし、それはま
るでコックピットにいるかのよう。すべてを自分で操縦している心地よさす
ら感じる。洗い物もめんどうだし、シンクも狭いから、ボウルやバットはな
るべく使わない。フライパンと小鍋だけで大体なんでも作っちゃうのは、大
きな鍋を置く場所がないからだ。たまにしか使わない特殊な調味料も買わな
くなった。一般家庭を訪問して料理を作るTV番組に出演していたので、小
さい台所にも臨機応変に順応できるテクニックが鍛えられたのだと思う。

　極狭キッチンでは、料理本を立てておくスペースもない。だから本書では、
一度見ただけで覚えられるようにレシピとプロセス写真を工夫した。上から
下に流れるタイムラインに沿って作り方が書いてあるので、パッと見れば直
感的に料理が作れるはずだ。さらに、調味料の分量も覚えやすい数字にそろ
えた。

　どんな環境でも、そこに合わせた調理法を工夫すれば、誰でもかんたんに
おいしい料理が作れる。1口コンロでできるということは、カセットコン
ロひとつあれば、どこでも料理が作れるというわけだ。「極狭キッチンでも、
ここまで合理的に料理ができる！」という事実は、もっと広いキッチンを使
う人にとっても、目からウロコの情報やテクニックが満載だと思う。

　料理をしたかったけどキッチンが狭いとあきらめていたあなたに、この本
が届くことを心から願っています。

きじまりゅうた

# 本書の使い方

**調理時間**
下準備からできあがりまでに
かかる時間の目安です。

**作り方**
作り方の手順を表していま
す。2品同時に作る場合は、
効率よく調理するための手
順の流れを紹介しています。

**材料**
基本的に1人分ですが、レシピ
によっては作りやすい分量を表
記している場合もあります。

**主菜の作り方**
「極狭キッチンで献立の
章」では、左に主菜の
作り方を紹介しています。

**副菜の作り方**
「極狭キッチンで献立の
章」では、右に副菜の
作り方を紹介しています。

**作り方のポイント**
調理のポイントやコツ
などを紹介しています。

**材料・調味料マーク**
その工程で加える材料
や調味料と、その分量
を表しています。

**極狭ポイント**
極狭キッチンで効率よ
く調理する工夫やコツ
を表しています。

**調理道具**
調理に使用する道具をマークで示しています。

フライパン　　片手鍋　　電子レンジ　　炊飯器　　トースター

---

**火加減について**
・本書では主に直径20cm、フッ素樹脂加工のフライパンを使用しています。特記がない場合は、
点火後、温まるまでは中火、温まってからは弱めの中火で調理しています。
・小さめの調理器具の場合、強火では火が鍋底からはみ出すことがあるため、火加減を確認し
ながら調節してください。
・ガスコンロ、IHヒーターなど、加熱器具の機種によって、火力や出力が異なることがあります。

**加熱時間について**
・電子レンジの加熱時間は500Wを基本にしています。600Wのものを使用する場合は、加熱
時間を0.8倍に調整してください。

# 極狭キッチン
# 攻略の章

キッチンが狭いからとあきらめないで。
シンクやレンジの中、炊飯器の上などを
作業場や避難場所として活用！
まな板をシンクに置けば作業場に変身します。
ポリ袋や肉や魚が入っていたトレーを活用して
洗い物も積極的に減らしましょう。

# 実録！極狭キッチンで料理してみた

実際にやってみましょう！

本当にできるかな

ごほうび牛ステーキとレンジで巣ごもりキャベツ卵

カットキャベツ

お肉が豪華！

材料はこちら

調味料はこれだけ

みりん

塩こしょう

しょうゆ

バター

サラダ油

まずはキャベツからスタート

コンロの上にまな板を置けば

調理台になるんだよ

耐熱のお皿を置いて…

卵をのせる

ラップをしてレンジへ！

カットキャベツを入れます

卵の爆発防止に卵にフォークで穴を開けて

2分

13

136ページにつづく

15

# 極狭キッチン攻略の極意

## コンロ＋電子レンジ・トースター、さらに炊飯器をフル活用！

たとえ1口コンロでも、電子レンジやトースターを合わせて使うことで、2品以上の料理も同時に完成（P.110・114・124）。レンジ加熱＋フライパン・鍋調理なら、時短しつつおいしい料理ができる（P.38・44・50・62・76）。炊飯器も煮込み料理に使えば電気鍋に大変身（P.40・54）。

## 皿や鍋、トレー、ポリ袋を調理道具として使う

少ない道具をフル活用。食器や鍋、コップなどは、食材を混ぜるボウルに、肉や魚が入っていたトレーはバットに、ポリ袋はボウルがわりに。いろいろ使いまわすことで省スペースかつ洗い物も減らせる！

## シンクの中は巨大な容器だ！

じゃがいもやにんじん、ごぼうなどは、シンクで洗い、ボウルやザルに移さず、調理するまでシンクの中へ。スペース活用＆洗い物減のひと工夫。

## カット野菜、カット肉を積極的に活用せよ

炒め物の野菜やサラダ、つけ合わせに使う野菜は、袋入りのカット野菜が便利で使い切りやすい。肉もひと口大に切ってあるものを使えば、包丁もまな板も必要なし。

## ハサミで切ればまな板と包丁いらず

肉も野菜もキッチンバサミで切って、直接鍋やフライパンへ！ 包丁やまな板、バット、ボウルを使わなければ、それだけ洗い物も減る。

極狭キッチンでは、装備は最低限に抑えつつ、
空間を最大限に利用して料理を楽しむのがポイント。
1つの道具をいろいろな目的で使い倒そう。

## 極狭まな板テク

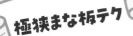

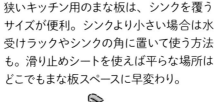

狭いキッチン用のまな板は、シンクを覆う
サイズが便利。シンクより小さい場合は水
受けラックやシンクの角に置いて使う方法
も。滑り止めシートを使えば平らな場所は
どこでもまな板スペースに早変わり。

## 調理中の
## 避難場所を確保せよ！

極狭キッチンでは調理中の食材な
どの置き場所が少ないのも悩みどこ
ろ。ちょっとした工夫で避難場所を
作ろう。冷蔵庫内の空きスペースを
活用したり、電子レンジの上や庫内、
炊飯器の上などのほか、キャスター
つき収納ボックスの活用が便利。使
うときだけキッチンへ移動すること
で場所を選びません。天板はまな
板を置けば作業台にも早変わり。食
材の置き場所や盛り付け台としても
使える。

# 基本の装備をそろえる

## 電化製品と調理道具

大きなものは不要
フライパンは20cmでOK

どれが いいかな？

極狭キッチンでは、
**コンパクトサイズ**を選ぼう

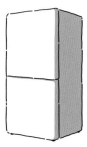

### 電子レンジ

煮物用の野菜や、野菜炒め用の下ごしらえなど、レンジで下ゆで→コンロで加熱なら、調理時間も短縮。しかも野菜炒めも水っぽくならずプロ級の仕上がりに。

### 冷蔵庫

置き場の幅が60cmあれば、2ドアタイプの150〜200Lサイズが設置できる。調理途中の避難場所としても使える。

### トースター

トーストだけでなく、焼き料理も。コンロやレンジと同時調理で極狭時短料理も！

特に
おすすめ！

### 炊飯器

じっくり煮込んだり、低温調理に使ったり。炊飯以外にもその可能性は無限大。3合炊きがちょうどいい。

### フライパン＋フタ

フッ素樹脂加工で直径20cm程度が使いやすい。ぴったりサイズのフタは必須。

### 片手鍋＋フタ

ステンレス、アルミ、テフロン加工など好みで選ぶ。フタつきタイプをゲットせよ。

世の中には新しいグッズや調味料がたくさんあるけれど、
最小限の装備で絶品レシピを作る。これが極狭テクの極意。

# 調理グッズ

収納スペースに合わせて
**必要最低限の装備で**

シリコンスプーン1本で
何役にも使えるよ

まほうの
杖!?

## まな板
厚み1cm程度がおすすめ。
極狭キッチンで自分が使
いやすいサイズを選ぼう。

## 包丁
万能な三徳包丁を。刃
の長さ18〜20cmが使
いやすい。

## キッチンバサミ
袋の開封や食材を切る
際に。さびにくいステン
レス製を。

特に
おすすめ!

## シリコン調理スプーン
耐熱性がある万能スプーン。
鍋を傷つけず、へら、お玉、
フライ返しがこれ1本で。

## ザル
洗った野菜やゆでた麺な
どの水切りに。耐熱性の
ある持ち手つきが便利。

## 菜箸
火を使う調理には、長さ
のある菜箸が重宝。

## ボウル大小
電子レンジ調理可の耐
熱ガラス製を。小さいも
のは食器として併用も。

## ピーラー
皮むきのほか、きゅうり
など細長い野菜のスライ
スにも。

## 計量スプーン
レシピ通りの味にす
るための必需品。大
さじと小さじを。

## 計量カップ
容量200mlがおすす
め。耐熱なら熱湯や
電子レンジもOK。

他にもあると便利な調理グッズ

・デジタルスケール

・すりおろし器

基本の装備をそろえる3

# 調味料類

**基本的な調味料**さえあれば、たいていの料理は作れる!

### 塩

粗塩を煎り、水分を飛ばした焼き塩がおすすめ。サラサラで計量しやすい。

### 砂糖（上白糖）

上白糖は結晶が細かく、ややしっとり。クセがなく、どんな料理にも使える。

### こしょう

仕上げに加えると、風味がアップ。味のアクセントに。

### しょうゆ

酸化すると風味が落ちる。密閉容器入りやミニボトルを。

### 酢

ドレッシングや酢の物に。米酢、穀物酢、玄米酢などがおすすめ。

### めんつゆ（3倍）

だしをベースに醤油、砂糖、みりんをプラスした万能タイプ。3倍濃縮が使いやすい。

### トマトケチャップ

パスタや卵料理との相性抜群。炒め物の味付けにも。

### マヨネーズ

サラダや揚げ物にかけたり、肉の下味や揚げ物の衣にも。

**みそ**
みそ汁、炒め物、煮物に。冷凍保存しても固まらず、すぐ使える。

**サラダ油**
1本だけ選ぶならコレ。炒める、揚げる、焼く、など幅広く使える。

**かつお節**
出汁やトッピングに。小分けのパック入りが便利。

**小麦粉**
ハンバーグのつなぎ、揚げ物の衣など、用途は多彩。

**片栗粉**
あんかけやスープのとろみづけに。揚げ物の衣にも。

**料理の幅が広がる、次に買うべき調味料**

| | | |
|---|---|---|
| ・酒 | ・ラー油 | ・チューブからし |
| ・みりん | ・中濃ソース | ・チューブわさび |
| ・ポン酢 | ・ウスターソース | ・豆板醤 |
| ・オリーブ油 | ・七味唐辛子 | ・タバスコ |
| ・ごま油 | ・粗びき黒こしょう | |
| ・バター | ・粒マスタード | |

基本の装備をそろえる 4

# お役立ち ストック食材

しょうがやにんにくは チューブでいいよ

ハードル 下がる〜

## さまざまな料理に 応用できるものを厳選！

**米**
1〜2kg の少量サイズを。パックご飯も活用しよう。

**パスタ**
手軽に調理でき、保存性も高い。

**そうめん**
ゆで時間が短く、サッと食べられる。

**卵**
コスパがよく、栄養価抜群。調理方法も豊富。

**チューブしょうが チューブにんにく**
使い切りが大変なにんにくやしょうがは、チューブが便利。

**スライスチーズ**
個別包装で使いやすい。トーストやオムレツなどに。

**サバ水煮缶**
味のバリエーションが出せる、水煮が◎。

**ツナ油漬け缶**
メインにも副菜にも使い勝手よし。

**冷凍うどん**
1食分ずつ包装され、使い勝手抜群。電子レンジで調理可。

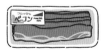

**ベーコン**
パスタやスープの具材に。少量でも旨みが出せる。

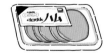

**ハム**
サラダや炒め物に。冷凍して長期保存もOK。

### 他にもあると便利な食材

・コーン缶
・トマトジュース
・野菜ジュース

# キッチン備品と食器類

あれこれそろえなくてもこれで十分！

これなら収納に入りきるね

下を見て〜！

## 備品は**使い捨てタイプを取り入れる**

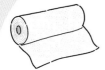

**キッチンペーパー**
食材の下ごしらえや手拭き、野菜の保存などに。

**ラップ**
食品の匂い移りや乾燥を防ぐ。電子レンジ調理にも利用。

特におすすめ！

**アルミホイル**
ホイル焼きに。トースターの受け皿に敷けば汚れ防止になる。

**ポリ袋**
漬け込みだけでなく、ボウルの代わりにも。手を汚さず、洗い物も減らせる。

**ふきん**
食器用、台拭き用で使い分けを。不織布の使い捨てタイプも便利。

## 食器は**電子レンジで使えるもの**を

**茶碗**
主食のご飯を盛るので使用頻度は高め。

**箸**
重さや長さ、太さなど、自分が使いやすいものを選ぶ。

**平皿**
大中小3サイズあると便利。大はワンプレートごはんにも。

**カレー＆パスタ皿**
深めの大皿。汁気のあるおかずや焼きそばなどの麺類に。

**小鉢**
漬物やサラダなどの副菜用に。

**深皿大と小**
小はみそ汁やスープなど汁物などに。大はラーメン、うどんなどに。調理ボウルとしても使えるものが便利。

23

# 極狭キッチン収納テクニック

## シンクまわり

少しの工夫で**極狭キッチンの****ポテンシャル**はまだまだ**高められる!**

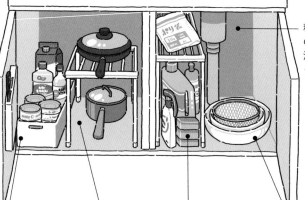

**キッチン壁面**

突っ張り棒やワイヤーネットを設置して、壁面を有効活用。

**コンロまわり**

火の周辺には物を置かない。コンロはIHでも問題ない。まな板を置けば作業スペースに!

**吊り戸棚の中**

パスタや粉類などの乾物のほか、ラップやキッチンペーパーなどは立てて収納すると便利。

**シンクまわり**

食器用洗剤やスポンジなど。吊るせるものは壁面設置で省スペース

粉類や開封済みの食材の保管は湿気が多いシンク下は避ける。

**コンロ下の収納**

鍋、フライパン、酢や酒などの調味料や油など。

調味料や缶詰類は、奥にしまうと存在さえ忘れがち。種類ごとにファイルボックスなどに収納すると取り出しやすい。

**シンク下の収納**

ザルやボウルなどは、すぐにシンクに出せる位置に収納。

漂白剤などのキッチン清掃グッズや、スポンジやゴミ袋のストックなど。

極狭キッチンは料理を作り出すコックピット。収納テクを
駆使すれば、動きやすく調理効率も爆上がり。食材ロスも防げる！

**冷蔵庫**

## 食材ごとに適した場所に置き、**定位置**を設けよう。
## 庫内に**死角をつくらず、全食材を把握**して使い切るべし！

### ドアポケット

傷みやすい葉物野菜は、袋入りのまま立てて収納。

500㎖用ペットボトルの下部を 10cm ほど残して上部を切れば収納スタンドに。切り口にはテープを巻いてガード。チューブ類を立てて収納可能。

納豆のたれやわさびなどの小パックは、ドアポケットに引っかけた 100 円ショップなどのミニポケットにまとめて。

### ○ 冷凍室内

食材は平らにして包装し、立てて収納。100 円ショップでも買えるブックスタンドやボックスを仕切りに。

ご飯は 1 食分ずつ小分けにして冷凍保存。使い残しの肉も小分けにすると使いやすい。
（→ P.139 も参照）

### ○ 冷蔵庫内

ものの詰め込み過ぎは冷気の循環を悪くし、温度が冷えにくくなる。食品同士のすき間は適度に空ける。

1/2 段分のスペースを空けておき、サラダなどの一時避難場所としても活用。

肉や魚などは温度の低いところに。

バター＆ジャムなど、同時に使うものは同じ場所にまとめる。

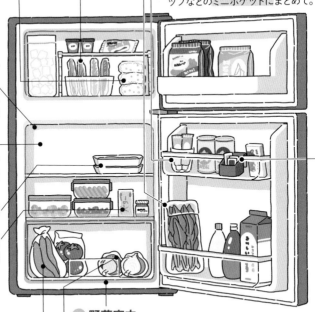

### ○ 野菜室内

乾燥を防ぐため、野菜はポリ袋に入れて収納。

じゃがいもや玉ねぎは常温で保存できるが、カットしたものはラップして野菜室で保存。

米や小麦粉は野菜室で保存してもよい。

# 電化製品活用虎の巻

# 電子レンジ

## 極狭レンジ使いテクをマスターせよ!

レンチンしてから炒めるテクがおすすめ!

時短になってしかもおいしい

電子レンジの主な機能は、「温め」や「解凍」だが、じつは「ゆでる」「蒸す」といった調理作業も得意。レンジでの加熱調理をマスターすれば、コンロ調理と同時進行も可能! 極狭キッチンにおける魔法の箱だ。

## レンジでもう1品

おひたしや蒸し野菜、蒸し魚などに大活躍。盛る皿に入れてラップすれば、洗い物減。レンジ蒸しならゆでるより野菜のビタミン残存率も高く、ヘルシー。

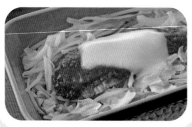

## レンチン下ごしらえで超時短!

煮物用の野菜や、野菜炒め用の下ごしらえなど、レンジで下ゆで→コンロで加熱なら、調理時間も短縮。しかも野菜炒めも水っぽくならずプロ級の仕上がりに。

## ⚠ 使えない器がある!

耐熱温度140℃以下のガラス・プラスチック製品、金銀の模様入り陶磁器、漆器、木製容器、土鍋、素焼きの器、アルミ・ステンレスなど金属容器、アルミホイルなどは電子レンジには向かないので注意。

## ワット数を使い分けて効率的に調理

ワット数の切り替えが使える機種は、使いこなすと料理の仕上がりが格段にアップする。100〜400Wは解凍、500W以上は温めや加熱調理に使用するといい。使い道に合わせて調整しよう。

極狭キッチンを制するには、あらゆる加熱手段を使いこなすのがマスト。
強力な武器になる、電子レンジと炊飯器を使いこなすテクを伝授！

# 炊飯器

## 極狭炊飯器テクをマスターせよ！

セットしてスイッチ ON！
待ってる間にお風呂も
ゆっくり入れちゃう

煮込み料理は、長時間コンロを占領してしまう。じっくりコトコト煮込む作業は、調理機能付き炊飯器に任せてしまおう。でき上がるまでの間にコンロで他の料理を作れば合理的。ただし、炊飯器調理では匂いが強い食材や、多量の油を使った調理には向かないので注意。

### サムゲタン→ P.40

ゆっくり時間をかけて煮込むので、
鶏手羽肉もごぼうもやわらか。

### ポトフ→ P.54

大きめにカットした野菜も煮崩れ
の心配なし。旨みの溶け込んだ
スープも美味。

# 計量と火加減の取扱説明書

## 計量のやり方

料理をおいしく作るには、正確に計量することがとても重要。おいしくない理由が「ちゃんと量ってなかった」なんてことが、じつは多いのだ。計量グッズがないときはペットボトルを活用しよう。

### 大さじ1

大さじ1＝15㎖。液体の場合、大さじ・小さじともに、あふれるギリギリまで入れた状態。粉類の場合はすりきりにした状態。

### 小さじ1

小さじ1＝5㎖。小さじ3で大さじ1と同じ分量になる。

### ペットボトルのフタ

一般的なペットボトルのフタ1杯は約7.5㎖で大さじ1/2とほぼ同量。

### 少々

親指と人差し指の2本でつまんだときの量。塩の場合は約0.5g。

### ひとつまみ

親指、人差し指、中指の3本でつまんだときの量。塩の場合は約0.7〜1g。

### 1カップ

1カップ＝200㎖。平らなところに置き、目盛は真横から見る。計量カップを持ってない場合は、500㎖のペットボトルで代用可。200㎖は下から約6.5cmが目安。

## 火加減

直径20cm程度のフライパンの場合、強火にすると炎がフライパンの外に出てしまうため、火加減は、弱火から中火がおすすめだ。

| 弱火 | 弱めの中火 | 中火 |
| --- | --- | --- |
| 炎が鍋底に届かないくらい | 炎が鍋底に届くか届かないくらい | 炎が鍋底にちょうど届くくらい |

1皿で大満足!

# 人気の
# 定番おかずの章

人気の定番おかずが、こんなに簡単に作れるなんて!
極狭テクを使うと、省スペース&省手間なのに味はピカイチ。
「簡単だけどおいしい」を目指しました。
ごはんと汁物をプラスするだけで大満足の定食が完成です。

# 混ぜて炒めて しょうが焼き

調理時間
**10**分

「袋で混ぜる→炒める」で王道の味

ごくせま
**極狭POINT**

材料と調味料を袋で
先に混ぜるから、
合わせ調味料いらず

調理道具

## ●材料（1人分）

豚こま切れ肉 ⋯⋯ 150g
玉ねぎ ⋯⋯ 1/4 個
サラダ油 ⋯⋯ 小さじ1

A
  しょうゆ ⋯⋯ 小さじ2
  砂糖 ⋯⋯ 小さじ1
  水 ⋯⋯ 小さじ1
  おろししょうが
    ⋯⋯ 小さじ 1/2

千切りキャベツ（ミックス）
    ⋯⋯ 1/2 袋
マヨネーズ ⋯⋯ 適量

## ●作り方

**1** 玉ねぎは 5mm 幅に切る。

玉ねぎ 1/4 個

**2** ポリ袋に豚肉を入れる。

豚肉 150g

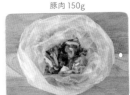

**3** **2**にAを入れてもみ、玉ねぎを加えて混ぜる。

この状態で漬けおきも OK。
朝仕込んで冷蔵しておけば、
夜は炒めるだけ

**4** フライパンに油と**3**を入れて弱めの中火にかける。肉の色が変わり、玉ねぎがしんなりするまで炒める。

サラダ油小さじ1

**弱めの中火**
肉に火が通り
玉ねぎが
しんなりするまで

**5** 皿にキャベツと肉を盛り、好みでマヨネーズを添える。

つぶやき　千切りカット野菜は極狭の救世主。ラクだし使い切れるし。
パックごはんやお湯を注ぐだけのカップみそ汁も極狭住人の友だち

調理時間
# 12分

# 食べればタルタル！
# 焼きチキン南蛮

ヘルシー鶏むね肉に簡単タルタルで超手軽

ごくせま
**極狭POINT**

衣で残った卵を
捨てずに炒めれば、
タルタルソースに

調理道具

## ●材料（1人分）

鶏むね肉……1/2枚
片栗粉……大さじ1
卵……1個
サラダ油……小さじ1

A

| 酢……大さじ1
| 砂糖……大さじ1
| しょうゆ……大さじ1
| 水……大さじ2
| 片栗粉……小さじ1/2

マヨネーズ……大さじ1

## ●作り方

鶏肉 1/2 枚

**1** 鶏肉を4等分にそぐように切る。

残った鶏むね肉は切って
ラップで包み、冷蔵か冷凍で保存

卵1個　　鶏肉

片栗粉
大さじ1

**2** ポリ袋に鶏肉を入れて片栗粉をまぶす。卵を割り入れ、もみ混ぜてからめる。

サラダ油小さじ1　　鶏肉

**3** フライパンに油を入れて弱めの中火にかけ、**2**の肉を並べて焼く。焼き色がついたら裏返して2〜3分焼き、皿に盛る。

裏返してから　弱めの中火 **2〜3分**

**4** **3**のフライパンに、**2**で残った卵を入れ、炒り卵を作り、一度取り出す。

炒り卵は取り出し、
避難場所へ　　炒り卵を作る

弱めの中火

**5** フライパンにAを混ぜてから火にかけ、とろみがついたら火を止める。

酢
大さじ1

砂糖
大さじ1

しょうゆ
大さじ1

水
大さじ2

片栗粉小さじ1/2

弱めの中火

**6** **5**の甘酢あんとマヨネーズを**3**にかけ、**4**の炒り卵を散らす。

とろみがつくまで

　つぶやき　マヨネーズ+炒り卵を、一緒に食べれば口の中でタルタルが完成する…スゴい！

33

# 極狭専用
# ハンバーグ

パック入り野菜ジュースが濃厚ソースに早変わり！

**極狭POINT**
ごくせま

加熱前のフライパンを
バット代わりにして
肉だねを成形

調理道具

玉ねぎ 1/8 個

## ●作り方

### ●材料（1人分）

合いびき肉⋯⋯ 150g
玉ねぎ⋯⋯ 1/8 個
小麦粉⋯⋯ 小さじ 1
サラダ油⋯⋯ 小さじ 1

A ┌ パン粉⋯⋯ 大さじ 4
　└ マヨネーズ⋯⋯ 大さじ 1

B ┌ 野菜ジュース
　│　⋯⋯ 100mℓ
　└ しょうゆ⋯⋯ 小さじ 2

**1** 玉ねぎをみじん切りにする。

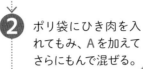
合いびき肉 150g

**2** ポリ袋にひき肉を入れてもみ、A を加えてさらにもんで混ぜる。

パン粉
大さじ4

マヨネーズ
大さじ1

**3** 玉ねぎを入れ、まず小麦粉をまぶしてから、肉と混ぜて丸める。

小麦粉小さじ1
玉ねぎ
全部混ぜる

先に玉ねぎに小麦粉をまぶすと
水分が閉じ込められ、肉と混ぜても
よくなじみ、焼いても肉が割れない

**4** フライパンに油を入れて手でのばし、肉だねを丸く形作り、フライパンにのせて中央をへこませる。

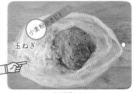
サラダ油小さじ1

油を広げた手で成形
すると、肉だねが手
につかない

手で
油を広げる

**5** 弱めの中火にかけ、焼き色がついたら裏返し、B を加えてフタをする。弱火で 5 分ほど蒸し煮にする。皿に盛り、フライパンに残ったソースをかける。

野菜
ジュース
100mℓ

しょうゆ小さじ2

フタをする
弱火 5 分

つぶやき　とにかく肉々しいハンバーグ。家でかぶりつきたいのはこういうヤツ。
野菜ジュースは無塩、無糖のものがいい

# ミルフィーユ<br>焼きとんかつ

薄切り肉を重ねるとやわらかい厚切り肉になる

**極狭POINT**（ごくせま）

肉のトレーはバット代わり。
はじめに小麦粉用、
のちにパン粉用に使う

調理道具

## ●材料（1人分）

豚ロース薄切り肉
　……4枚 (100g)
小麦粉……大さじ1/2
パン粉……大さじ5
A
　小麦粉……大さじ1
　マヨネーズ
　　……大さじ1/2
　水……大さじ1
サラダ油……大さじ1
千切りキャベツ……1/2袋
中濃ソース……適量

## ●作り方

**1** ポリ袋にAを入れて混ぜる。

**2** トレーに豚肉を重ね、小麦粉をかけてまぶす。

豚肉4枚　　小麦粉大さじ1/2

**3** **2**を**1**のポリ袋に移し、Aをからめる。空いたトレーにパン粉を入れる。ポリ袋から肉を取り出し、パン粉をまぶす。

パン粉大さじ5

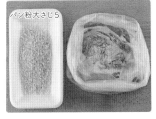

**4** 油を入れたフライパンに肉を入れ、弱めの中火にかける。焼き色がついたら裏返し、弱火で4分焼く。

サラダ油大さじ1

コールドスタートで油ハネを減らす

焼き色がつくまで　　裏返したら
**弱めの中火** → **弱火4分**

**5** まな板の上にキッチンペーパーを置き、上に肉をのせて1分ほど休ませて油を切る。

1分休ませる

**6** 食べやすい大きさに切り、キャベツとソースを添える。

つぶやき　衣を付ける作業をシンクの中でやると、後の掃除がめちゃラク。シンクも立派な作業場！

# 爆速！ 肉じゃが

レンチンじゃがいもで、あっという間におふくろの味

ごくせま
## 極狭POINT

じゃがいもをレンチン。
その間に具を炒めて同時調理

調理道具

## ●材料（1人分）

豚バラ薄切り肉……50g
じゃがいも……1個
玉ねぎ……1/4個
サラダ油……小さじ1

A
水……大さじ4
めんつゆ（3倍）
　……大さじ1
しょうゆ
　……大さじ1/2

## ●作り方

**1** じゃがいもは皮をむいて6等分に切り、サッと洗って耐熱ボウルに入れる。ラップをかけ、レンジに3分かける。

じゃがいも1個

レンジ
3分

**2** 玉ねぎは繊維と平行に1cm幅に、豚肉は5cm長さに切る。

豚肉 50g　　玉ねぎ 1/4 個

**3** フライパンに油を入れて玉ねぎを弱めの中火で油がなじむまでサッと炒める。豚肉を入れてほぐしながら、肉の色が変わるまで弱めの中火で炒める。

サラダ油小さじ1

肉の色が変わるまで　**弱めの中火**

**4** Aとじゃがいもを加え、弱めの中火で汁気が少なくなるまで3〜4分煮からめる。

**弱めの中火3〜4分**

汁気がなくなるまで

# 炊飯器で サムゲタン

＼炊飯器は第二の鍋だ！　材料を入れたらほったらかし／

## 極狭POINT
ごくせま

切った具材をどんどん
炊飯器に入れるだけ

調理道具

40

## ●材料（1人分）

鶏手羽元⋯⋯ 4本
ごぼう⋯⋯ 10cm
長ねぎ⋯⋯ 10cm

A
- 米⋯⋯ **大さじ1**
  - ※さっと洗っておく
- **おろししょうが**
  - ⋯⋯ **小さじ1/2**
- 塩⋯⋯ **小さじ1/4**

水⋯⋯ **適量**
塩⋯⋯ **適宜**
粗びき黒こしょう⋯⋯ **適宜**

## ●作り方

**1** 長ねぎは3cm分を小口切りにして残りは半分に切る。ごぼうは皮ごとよく洗って5cm長さの縦半分に切る。

ごぼう 10cm　長ねぎ 3cm

長ねぎ 7cm

**2** 炊飯器に半分に切った長ねぎとごぼう、鶏肉とAを入れる。

米 大さじ1　おろししょうが 小さじ1/2　塩 小さじ1/4

鶏肉4本

**3** 2合の目盛りまで水を注ぎ、早炊きモードで炊飯する。

水 2合の線まで

早炊きモードで炊飯

**4** 小口切りの長ねぎと、塩、粗びき黒こしょうをかけて食べる。

粗びき黒こしょう 適宜　　塩 適宜　　長ねぎ 小口切り

薄味仕上げなので、好みでごま油やキムチなどをプラスしてもおいしい

# 野菜も一緒に レンジシュウマイ

調理時間
**15**分

バットも蒸し器も使わずパパッとレンチン

調理道具

## ●材料（1人分）

豚ひき肉……150g
シュウマイの皮……8枚
カット野菜（野菜炒め用）
　　……1/2袋
水……小さじ2

A
- 水……小さじ2
- しょうゆ……小さじ2
- 砂糖……小さじ1
- ごま油……小さじ1

酢じょうゆ……適量
ねりからし……適量

## ●作り方

**1** 耐熱の盛り皿に、野菜を敷きつめ、水小さじ2をかける。

**2** ポリ袋に豚ひき肉とAを入れて、もみ混ぜる。

豚ひき肉 150g

**3** ❷の肉だねを8等分してスプーンですくい、皮に乗せて形づくる。

親指と人差し指の間でやるときれいにできる

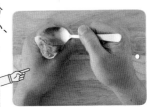

1個ずつ皮に肉を入れて成形

**4** ❶の野菜の上に❸を並べる。ラップをふんわりかけてレンジに4分かける。肉に火が通ったら完成。酢じょうゆとからしを添える。

ラップをふんわりかける

レンジ 4分

つぶやき　ポリ袋ってめちゃ便利。耐熱なら湯せんもできるし。それにしても、ギョウザとシュウマイ、世間でギョウザのほうがもてはやされるのはなぜなのか…

43

# 炒めやすい 野菜炒め

調理時間
**10**分

シンプルだからこそ実感するプロ級の味

## 極狭POINT
（ごくせま）

野菜をレンチンすれば
テクニックいらずで
シャッキシャキ

調理道具

## ●材料 ( 1人分)

**豚こま切れ肉** ―― 50g

**カット野菜** (野菜炒め用)
　―― 1袋

**サラダ油** ―― 小さじ1

A ┌ **おろしにんにく**
　　　　―― 小さじ 1/4
　　**しょうゆ** ―― 小さじ1
　　**塩** ―― 2つまみ
　　**粗びき黒こしょう**
　　　　―― 少々

## ●作り方

**1** 耐熱の盛り皿に野菜を入れ、ラップをしてレンジに2分かける。

カット野菜1袋

野菜をレンチンするとカサが減り小さなフライパンでも炒めやすい

レンジ
2分　ふんわりラップする

**2** フライパンに油を入れて弱めの中火にかけ、豚肉を炒める。

サラダ油小さじ1

豚肉 50 g

弱めの中火　肉の色が変わるまで

**3** 色が変わったらAを加え、なじんだら**1**の野菜を入れ、弱めの中火でさっと炒める。

塩2つまみ　粗びき黒こしょう少々

しょうゆ 小さじ1

おろしにんにく小さじ1/4

カット野菜

弱めの中火　さっと炒める

# 手が汚れない
# 鶏つくね

調理時間
**15**分

ポリ袋とフライパンだけでムチムチのつくね！

**極狭POINT**
ごくせま

ポリ袋から絞り出し、
直接フライパンに並べる
から、ボウルいらず

調理道具

## ●材料（1人分）

鶏ひき肉——150g

卵——1個

片栗粉——大さじ1

塩——少々

サラダ油——小さじ1

水——大さじ1

めんつゆ（3倍）——大さじ1

かいわれ大根——適量

白いりごま——適量

## ●作り方

**1** 卵は卵黄と卵白に分け、卵白は
ポリ袋に、卵黄は避難させてお
く。

卵黄は崩れてしまっても問題
なし

**2** 卵白の入ったポリ袋にひき肉と片
栗粉、塩を入れてもみ混ぜる。

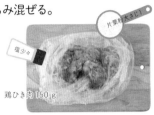

**3** フライパンに油を入れる。ポリ袋
の端を少し切り、フライパンに肉
だねを5〜6等分に絞り出し、ス
プーンで形を整え、弱めの中火
にかける。焼き色がついたら裏
返し、フタをして弱火で3分ほど
焼く。

焼き色がついたら裏返す

弱めの中火 → 弱火3分 フタをする

**4** フタを取って水とめんつゆを入れ
て煮からめる。皿に盛り、卵黄
を塗り、かいわれ大根を添えて
白ごまをふる。

# 極狭だけど本格派
# 青椒肉絲
（チンジャオロースー）

まるでお店で食べるようなリッチ感

## 極狭（ごくせま）POINT

後から加えるピーマンは、
盛り皿に避難させて洗い物減

調理道具

## ●材料（1人分）

牛焼肉用肉…… 100g

ピーマン…… 2個

ごま油…… 小さじ2

A
- しょうゆ…… 小さじ1
- 水…… 小さじ1
- 片栗粉…… 小さじ1

B
- しょうゆ…… 小さじ2
- 砂糖…… 小さじ1
- おろしにんにく
  …… 小さじ1/4

## ●作り方

**1** ピーマンは縦半分に切って、5mm幅の細切りにして盛り皿に。避難させておく。

ピーマン2個

**2** 肉を5mm幅の細切りにしてAをからめる。

牛肉100g

トレーを使えば
ボウルいらず

しょうゆ小さじ1
水小さじ1
片栗粉小さじ1

**3** フライパンに油を入れて弱めの中火にかけ、牛肉をほぐしながら炒める。色が変わったらピーマンを入れ、Bを加えてしんなりするまで1分ほど炒める。

肉の色が変わったら
ピーマンを投入

ごま油小さじ2

しょうゆ小さじ2
砂糖小さじ1
おろしにんにく
小さじ1/4

弱めの中火1分　ピーマンが
しんなりするまで

つぶやき　ピーマンは苦いからと肉ばかり食べてた子ども時代。苦みを感じなくなったのは、
いろいろな苦い思いを経験したからなのか？

49

人気の定番おかず

# プラスレンジで
# 時短クリームシチュー

調理時間
**15**分

コンソメすら使わない！ シンプルなのにめちゃ旨

---

ごくせま
**極狭POINT**

ホワイトソース作りも
バターを使わず、小麦粉
振り入れテクで超時短

調理道具

## ●材料（1人分）

鶏こま切れ肉 ── 100g
じゃがいも ── 1個
玉ねぎ ── 1/4個
サラダ油 ── 小さじ2
小麦粉 ── 大さじ1
牛乳 ── 200mℓ
塩 ── 小さじ1/4

## ●作り方

**①** じゃがいもは皮をむいて6等分に切り、サッと洗う。耐熱の盛り皿に入れてラップをして、レンジに3分かける。

じゃがいも1個

レンジ 3分

レンチンで煮込み時間が短縮。煮崩れもなし

**②** 玉ねぎは5mm幅の薄切りにし、鍋に入れて油を加え、弱めの中火にかけてしんなりするまで炒める。

サラダ油小さじ2

玉ねぎ 1/4個

弱めの中火　しんなりするまで

**③** 鶏肉を加え、小麦粉を混ぜる。

小麦粉 大さじ1

鶏肉 100g

弱めの中火
粉っぽさがなくなるまで

**④** 粉っぽさがなくなってきたら牛乳と塩を混ぜてじゃがいもを加え、ときどき混ぜながらとろみつくまで弱めの中火で3〜4分煮る。

塩小さじ1/4

牛乳 200mℓ

弱めの中火 3分〜4分
とろみがつくまで

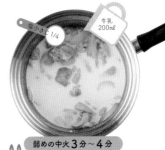

つぶやき　包丁作業が多いときは、部屋のテーブルで切ればいい。家中がキッチン！

51

# まな板いらずの鶏の照り焼き

白メシとベストマッチな甘辛鶏肉

**極狭POINT**
ごくせま

長ねぎはフライパンの中で、ハサミでカット

調理道具

## ●作り方

●材料（1人分）
鶏もも唐揚げ用肉……150g
長ねぎ……10cm
サラダ油……小さじ1
砂糖……小さじ2
しょうゆ……大さじ1

**1** フライパンに油を入れ、長ねぎをハサミで半分の長さに切って入れる。

長ねぎ 10cm
サラダ油小さじ1
ハサミで切る

**2** 鶏肉を皮目を下にして並べ、弱めの中火にかける。

コールドスタートで
はじめに皮目に焼き色をつける

鶏肉 150g

**弱めの中火**
焼き色がつくまで

**3** 鶏の皮目に焼き色がついたら裏返し、約2分焼く。砂糖、しょうゆの順に入れ、とろみがつくまで約2分煮からめる。

砂糖小さじ2
しょうゆ
大さじ1

**弱めの中火約2分＋約2分**
とろみがつくまで

# フランクフルトの炊飯器ポトフ

時間がかかる煮込み料理も炊飯器ならほったらかし調理

### 極狭POINT
ごくせま

炊飯釜の中でじゃがいもを洗う。
内釜はボウル代わりになる！

調理道具

## ●材料 ( 1人分 )

フランクフルト ── 2本
じゃがいも ── 1個
玉ねぎ ── 1/2個
塩 ── 小さじ 1/3
水 ── 適量
粒マスタード ── 適量

## ●作り方

**①** じゃがいもは洗い、皮をむいて半分に切り、内釜に入れる。

炊飯器の内釜で洗うと省スペース

じゃがいも
1個

**②** フランクフルト、半分に切った玉ねぎ、塩を入れ、2合の線まで水を注ぐ。

塩小さじ 1/3
フランクフルト
2本
水
2合の線まで
玉ねぎ 1/2 個

**③** 早炊きモードで炊飯する。

早炊きモードで炊飯

**④** 皿に盛り、粒マスタードを添える。

つぶやき 炊飯器におまかせできる時間。30～40分あれば掃除とか風呂にも入れる。
もう1品作るなら冷しゃぶサラダ (P.66) もいい

調理時間
**10分**

# 鮭のチーズ
# ちゃんちゃんレンジ蒸し

北海道の郷土料理を極狭流にアレンジ！

## 極狭POINT
ごくせま

レンジ対応の耐熱皿が
あれば、洗い物は皿だけ！

調理道具

## ●作り方

**①** 耐熱の盛り皿に野菜を敷く。

カット野菜1袋

●材料（1人分）

**生鮭切り身** ⸺ 1枚

**カット野菜**（野菜炒め用）
　⸺ 1袋

**スライスチーズ** ⸺ 1枚

A 　みそ ⸺ **大さじ1**
　　みりん ⸺ **大さじ 1/2**
　　ごま油 ⸺ **小さじ 1/2**

**②** Aを混ぜてたれを作る。

みそ
大さじ1

みりん
大さじ
1/2

ごま油小さじ1/2

**③** 鮭の水気をキッチンペーパーでふき、野菜の上にのせ、**②**のたれをかける。ラップをふんわりかけ、レンジに4分かける。

たれ

鮭1枚

レンジ
4分

ラップする

**④** 鮭に火が通ったらチーズをのせ、ラップをして溶けるまで蒸らす。

# 切らずにできる
# ホイコーサバ缶

サバみそ煮缶の甘みと旨みが、野菜にしみわたる

極狭POINT
ごくせま

カット野菜とサバ缶活用で、
包丁&まな板いらず

調理道具

## ●材料（1人分）

**カット野菜**（野菜炒め用）
　……1袋
**サバみそ煮缶**……小1缶
**ごま油**……小さじ2
**おろしにんにく**
　……小さじ1/2
**しょうゆ**……小さじ1/2
**ラー油**……小さじ1

## ●作り方

**①** フライパンに油とにんにくを入れて混ぜる。野菜を加えて弱めの中火にかける。

カット野菜1袋

> 野菜でフタをして火にかければ、おろしにんにくの油はねが防げ、コンロまわりが汚れにくい

弱めの中火

**②** 野菜の焼ける音がしてきたら上下を返して全体を混ぜる。全体に油がなじんだら、サバ缶を入れる。

サバ缶1缶

弱めの中火

**③** サバの身をほぐしながら炒め、しょうゆとラー油で味をととのえ、全体がなじんだら火を止める。

弱めの中火

全体がなじむまで

**つぶやき** サバみそ煮缶だと思って開けたら、サバ水煮缶だったときの衝撃…。そんなときはみそと砂糖を入れればOK！

調理時間
**15分**

# むきエビで
# 焼きエビフライ

小麦粉用とパン粉用、ポリ袋2枚使いがポイント

調理道具

**極狭POINT**
（ごくせま）

コールドスタート＆
揚げ焼きで、
片付けもラクラク！

●材料（1人分）

むきエビ……6～7尾
小麦粉……大さじ1
パン粉……大さじ6
A ┌ 水……大さじ1/2
　│ マヨネーズ
　│ ……大さじ1/2
　└ こしょう……少々
サラダ油……大さじ2
マヨネーズ……適量
タバスコ……適量

●作り方

**1** ポリ袋を2枚用意。1枚にパン粉を入れてもみ、パン粉を細かくつぶす。もう1枚に小麦粉を入れる。

**2** エビの水気をキッチンペーパーでふき、小麦粉の袋に入れてふり混ぜる。なじんだらAを加えて軽くもんで混ぜる。

エビ6～7尾
小麦粉大さじ1
水大さじ1/2
マヨネーズ大さじ1/2
こしょう少々

**3** パン粉の袋にエビを1尾ずつ入れて、パン粉をまぶす。

ポリ袋を使うから洗い物削減！

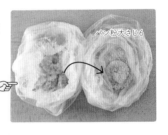

パン粉大さじ6

**4** フライパンにサラダ油を入れてエビを並べ、弱めの中火にかける。焼き色がついたら裏返す。

サラダ油大さじ2

弱めの中火
全体に焼き色がつくまで

**5** 全体に焼き色がついたら皿に盛り、マヨネーズと好みでタバスコを添える。

# 小麦粉不使用
# チヂミ風卵焼き

調理時間
**10**分

深夜に食べても罪悪感ゼロ！

## 極狭POINT

耐熱ボウル＋レンジで
超速料理が実現！

調理道具

## ●材料（1人分）

千切りキャベツ…… 1袋
卵…… 2個
ごま油…… 小さじ2
かつお節…… 2g
塩…… 少々

A [ しょうゆ…… 小さじ2
　　砂糖…… 小さじ1
　　酢…… 小さじ1 ]

## ●作り方

**①** キャベツを耐熱ボウルに入れてラップをし、レンジに1分半かける。

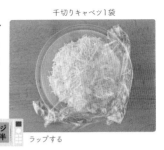

千切りキャベツ1袋

レンジ
1分半　　ラップする

**②** 卵を割り入れ、かつお節と塩を加えて混ぜる。

塩少々
かつお節
2g
卵2個

**③** フライパンに油を入れて弱めの中火にかける。**②**を流し入れて大きくかき混ぜ、全体が半熟になったら2分ほどそのまま焼く。

ごま油小さじ2

半熟になってから　弱めの中火2分

**④** 裏返して両面に焼き色がついたら取り出し、食べやすい大きさに切る。**A**を混ぜて添える。

しょうゆ小さじ2
砂糖小さじ1
酢小さじ1

たれをソースと青のりにすればお好み焼き風に

# 失敗知らずの
# ふわふわニラ玉炒め

ニラ特売日のメニューはこれで決まり！

調理道具

## ●材料（1人分）

ニラ……1/2束
卵……2個
サラダ油
　……小さじ2＋小さじ1
A
　水……小さじ2
　しょうゆ……小さじ2
　砂糖……小さじ1
　こしょう……少々

## ●作り方

**1** ニラはハサミで5cm長さに切り、避難させておく。

ニラ 1/2 束

盛り皿をバット代わりにし、洗い物を減らす

**2** 卵を溶きほぐす。

おわんや深皿を使ってもOK

卵2個

**3** フライパンに油小さじ2を入れて弱めの中火にかけ、卵を入れる。大きくかき混ぜて固まったら、いったん取り出し、避難させる。

サラダ油小さじ2

弱めの中火

固まったら取り出す

**4** 空いたフライパンに油小さじ1を足してニラを炒め、Aで調味し、しんなりしたら卵を戻し入れ、ほぐしながら炒める。

サラダ油小さじ1
水小さじ2
しょうゆ小さじ2
砂糖小さじ1
こしょう少々
弱めの中火

つぶやき　卵さえフワフワに仕上げれば、肉を入れなくてもゴージャス気分

65

# 鍋はボウルだ！
# 省スペース冷しゃぶサラダ

鍋でゆでて、鍋で和えるだけ！

極狭POINT
（ごくせま）

作業開始から終わりまで
すべてが鍋だけで完結

調理道具

## ●材料（１人分）

豚バラしゃぶしゃぶ用肉
　……100g
大根サラダミックス
　……１袋
ポン酢……大さじ１
マヨネーズ……大さじ１

## ●作り方

**①** 鍋に熱湯（分量外）を沸かして肉を入れ、色が変わるまでゆでる。

豚肉 100 g

弱めの中火

肉の色が
変わるまで

**②** 肉に火が通ったら盛り皿にいったん取り出す。

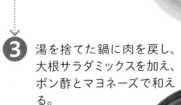

火を入れすぎると、肉が
パサついて硬くなるので注意

**③** 湯を捨てた鍋に肉を戻し、大根サラダミックスを加え、ポン酢とマヨネーズで和える。

大根サラダミックス1袋

ポン酢
大さじ1

マヨネーズ
大さじ1

# おかずになる ごろごろ豚汁

具を大きく切るから、ワンディッシュでも大満足！

### 極狭POINT
（ごくせま）

切った材料と水を
鍋に入れるだけで、
だしいらず

調理道具

## ●材料（1人分）

**豚バラしゃぶしゃぶ用肉**
　……50g
**じゃがいも**…… 1個
**玉ねぎ**……1/4個
**サラダ油**…… 小さじ1
**水**…… 250㎖
**みそ**…… 大さじ1

## ●作り方

**1** 玉ねぎは縦に1㎝幅に切り、じゃがいもは皮をむいて1㎝幅に切る。鍋に入れ、油を加えて混ぜてから、弱めの中火にかける。

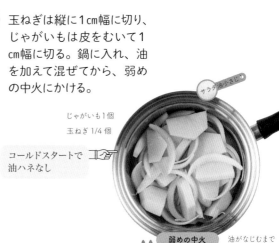

サラダ油小さじ1

じゃがいも1個
玉ねぎ1/4個

コールドスタートで油ハネなし

弱めの中火　　油がなじむまで

**2** 具に油がなじんだら水を加える。

水 250㎖

弱めの中火

**3** 煮立ったら豚肉を加えてほぐし、フタをして弱火で5分煮る。

豚肉 50ｇ

フタをする

弱火で5分　　具がやわらかくなるまで

**4** 具がやわらかくなったら、みそを溶き入れる。

みそ
大さじ1

つぶやき　極狭だとあきらめがちな汁物。このレシピならごはんを用意するだけで、ほっこり一人メシが完成するから、使える！

# 3分でできる
# 小さいおかず

少量ずつ余りがちな食材も有効活用！

## イカソーメンキムチ

●材料（1人分）

イカソーメン —— 50g
キムチ —— 20g
ごま油 —— 小さじ1
しょうゆ —— 小さじ1

●作り方

① ボウルにごま油としょうゆを入れる。
② イカソーメンを加え、キムチを入れて和える。

## トマトのみそナムル

●材料（1人分）

トマト —— 1個
みそ —— 小さじ2
ごま油 —— 小さじ1
白すりごま —— 小さじ2

●作り方

① ボウルにみそとごま油、すりごまを混ぜる。
② トマトのヘタを除き、くし形に切って加え、混ぜてなじませる。

## くずし蒸し豆腐

●材料（1人分）

木綿豆腐 —— 1/2丁
卵 —— 1個
しょうゆ —— 小さじ1

●作り方

① 卵は卵黄と卵白に分ける。豆腐の水気を切って器に入れ、フォークでつぶす。
② 卵白を加えてよく混ぜ、ラップをしてレンジに3分かける。
③ しょうゆをかけ、卵黄をのせる。

# 切り干し大根サラダ

●材料（1人分）

切り干し大根
　——大さじ2（4g）
水菜——1/2株
水——大さじ2
しょうゆ——小さじ2
酢——小さじ1

●作り方

① 切り干し大根をハサミでざく切りにしてボウルに入れ、水を入れてなじませる。

② しょうゆと酢を加え、水菜をハサミで5cm長さに切って混ぜる。

# ピーラーにんじんの丸め焼き

●材料（1人分）

にんじん
　——小1/2本（50g）
小麦粉——大さじ2
ごま油——大さじ1
カレー粉——少々
塩——少々

●作り方

① にんじんをピーラーでスライスしてポリ袋に入れ、小麦粉を加えてもみ混ぜる。

② フライパンに油を入れ、にんじんを2等分して丸めて焼く。

③ 両面焼いたら器に持ってカレー粉と塩をふる。

※ピーラーがないときは千切りでOK。

# 焼ききゅうり

●材料（1人分）

きゅうり……1本
ごま油……小さじ1
しょうゆ……小さじ1

●作り方

① きゅうりを半分の長さに切って、4つ割りに切る。

② フライパンに油を入れ、きゅうりを並べて弱めの中火で焼く。

③ 表面に焼き色がついたらしょうゆを加える。

# ごまおかピー

●材料（1人分）

ピーマン —— 3個
かつお節 —— 2g
白いりごま —— 小さじ2
ごま油 —— 小さじ1
しょうゆ —— 小さじ2
砂糖 —— 小さじ1

●作り方

① ピーマンを縦半分に切って種を除き、1cm幅に切る。
② フライパンに油を入れて火にかけ、ピーマンをサッと炒める。
③ しょうゆと砂糖を入れてしんなりしたら、ごまとかつお節を混ぜる。

# たらこ玉ねぎ

●材料（1人分）

玉ねぎ —— 1/2個
たらこ —— 1本
サラダ油 —— 小さじ1

●作り方

① 玉ねぎは1cm幅のくし形に切る。
② フライパンに油を入れ、玉ねぎがしんなりするまで炒める。
③ 火を止め、皮を除いたたらこを入れて和える。

# キャベツ納豆

●材料（1人分）

千切りキャベツ
　—— 1/2袋
納豆 —— 1パック
みそ —— 小さじ1
砂糖 —— 小さじ1/2

●作り方

① 納豆をかき混ぜて、みそと砂糖を加える。
② キャベツを加えて全体を混ぜる。

# ごはん・めん・
# パンの章

極狭キッチンでもすぐできるワンプレートめしといえば、これ。
ごはんやパスタ、うどん、そうめんはコスパもいいし、
乾麺や冷凍品は保存性も高いからストックしやすい！
魅惑の極狭マジックてんこ盛りのレシピを紹介します。

# ミニマム
# バターチキン風カレー

この料理の MVP は、やさしい甘みをプラスするヨーグルト！

ごくせま
## 極狭POINT

ワンパンで作るから、
手間いらずで洗い物も減

調理道具

## ●作り方

**①** フライパンに油を入れ、皮目を下にした鶏肉を並べて弱めの中火にかける。

鶏肉 100g

サラダ油小さじ1

鶏皮は皮目から焼いて
脂の旨みをしっかり出す

弱めの中火　　焼き色がつくまで

## ●材料（1人分）

ごはん…… 1膳

鶏もも唐揚げ用肉……100g

サラダ油…… 小さじ1

A 　　┌ トマトジュース
　　│　　……100mℓ
　　│ 加糖ヨーグルト
　　│　　…… 1パック (100g)
　　│ カレー粉…… 小さじ1
　　└ 塩…… 小さじ1/4

**②** 皮に濃い焼き色がついたら裏返し、Aを加える。

カレー粉小さじ1

加糖
ヨーグルト
100g

塩小さじ1/4

無糖ヨーグルトなら
砂糖小さじ1を加えればOK

トマト
ジュース
100mℓ

弱めの中火

**③** ときどき混ぜながら、弱火で約10分煮る。

弱火で約10分

**④** ごはんに添える。

# プラスレンジで
# オムライス

調理時間
**12**分

ふんわり卵で甘いケチャップライスを包み込む

ごくせま
**極狭POINT**

ケチャップライスは、
炒めずレンジで調理

調理道具

●材料（1人分）
ごはん…… 1膳
卵…… 2個
サラダ油…… 小さじ1
玉ねぎ…… 1/4個
ソーセージ…… 2本
トマトケチャップ
　　…… 大さじ3 ＋適量

## ●作り方

玉ねぎ
1/4個　　ソーセージ
　　　　　2本

**❶** 玉ねぎはみじん切り、ソーセージは5mm幅の薄切りに。

レンジ
3分

ケチャップ
大さじ3

**❷** ❶を耐熱容器に入れてトマトケチャップを混ぜ、ラップはせずにレンジに3分かける。玉ねぎがやわらかくなったらごはんを混ぜる。

ごはん1膳

**❸** 卵を溶きほぐす。フライパンに油を入れて弱めの中火にかけ、卵を加えて大きく混ぜる。

サラダ油小さじ1

混ぜる

弱めの中火

ケチャップごはん

**❹** 卵が固まってきたら全体に広げて、❷をのせ、卵をごはんごとフライパンの奥に寄せ、皿に裏返してのせる。トマトケチャップをかける。

卵がやわらかいうちに
手早くごはんをのせる

# マウンテン
# 牛たたき丼

こんなに簡単なのにマジで旨い！

### 極狭POINT
（ごくせま）

肉の表面を焼き、たれ入りの
ポリ袋へ。少ない調味料の
量でもしっかり味しみ

調理道具

## ●材料（1人分）

ごはん…… 1膳
牛ステーキ用肉
　（厚さ約1.5cm）…… 1枚
サラダ油…… 小さじ1
かいわれ大根…… 適量

A ┌ めんつゆ（3倍）
　│ 　…… 小さじ2
　└ しょうゆ…… 小さじ1

## ●作り方

**1** 牛肉は室温に戻して
ハサミで筋切りする。
ポリ袋に A を入れて
おく。

焼く前に室温に戻すのは、
肉の中心までムラなく火を入れるため

**2** フライパンに油を入
れて弱めの中火にか
け、熱くなったら牛
肉を入れ、約1分半
焼く。濃い焼き色が
ついたら裏返して約
1分焼く。

弱めの中火約**1**分半 ＋約**1**分

**3** **2**を**1**のポリ袋に
入れ、空気を抜いて
口を閉じる。

口を閉じる

**4** 水（分量外）の入っ
たボウルに入れて冷
やす。冷めたら薄い
そぎ切りに。ごはん
にのせて残ったたれ
をかける。好みでか
いわれ大根を添える。

冷めたらそぎ切り

# 炊飯器で カオマンガイ

調理時間
**50**分
（米の浸水時間含まず）

鶏の旨みを吸ったごはんと、やわらか鶏肉の共演

調理道具

## ●材料（米1合分）

米── 1合
鶏もも肉── 1/2枚

A ┌ おろししょうが
  │      ── 小さじ 1/2
  └ 塩── 小さじ 1/4

水── 適量

B ┌ しょうゆ── 小さじ 2
  │ 水── 小さじ 2
  │ おろしにんにく
  │      ── 小さじ 1/4
  └ 一味唐辛子── 少々

パクチー── 適宜

## ●作り方

**1** 米を洗って水（分量外）を入れ、30分ほど浸水させる。

米1合

浸水 30 分

**2** 炊飯器に水気を切った米とAを入れ、1合の線よりやや少なめに水を注ぐ。鶏肉は皮目を上にしてのせ、早炊きモードで炊飯する。

おろししょうが 小さじ 1/2
塩小さじ 1/4
1合の線より やや少なめの水
鶏もも肉 1/2枚
早炊きモードで炊飯

**3** Bを混ぜてたれを作る。

しょうゆ小さじ2
水小さじ2
おろしにんにく 小さじ1/4
一味唐辛子 少々

**4** 炊きあがり。肉を切ってごはんにのせ、1口大に切ったパクチーとたれを添える。

肉を切って ごはんと皿に盛る

パクチー

ごはん・めん・パン

# 混ぜて炒めて パラっとチャーハン

調理時間 **10**分

ごはんに卵をまとわせて、パラパラに仕上げる！

**極狭POINT**（ごくせま）

包丁はハサミ、ボウルはポリ袋で代用すれば簡単！

調理道具

## ●作り方

**1** ポリ袋にごはんを入れる。

**2** ハサミを使って長ねぎは粗みじん切りに。ハムも細切りに。

ハサミで縦に切り目を入れ、端から切るのがコツ

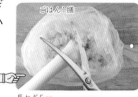

ごはん1膳

長ねぎ5㎝

ハム2枚

## ●材料（1人分）

ごはん…… 1膳
長ねぎ…… 5㎝
ハム…… 2枚
卵…… 1個
塩…… 2つまみ
サラダ油…… 小さじ1
A ┌ しょうゆ…… 小さじ1
　└ こしょう…… 少々

**3** ❶のポリ袋にハムを入れ、卵を割り入れる。塩を加えてもんでなじませる。

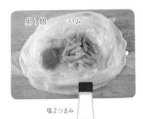

卵1個　　ハム

塩2つまみ

**4** フライパンに油を入れて弱めの中火にかけ、袋の中身を一気に入れ、ほぐしながら炒める。ごはんがほぐれてパラっとしたらAで調味する。

サラダ油小さじ1

しょうゆ小さじ1

こしょう
少々

**弱めの中火**

ごはんがパラっと
するまで

つぶやき　米粒のまわりに卵で膜を作る。加熱すると卵が乾き、卵同士が離れる。これがパラパラに仕上がるメカニズム

83

# ふだんの
# カニカマ天津丼

＼ シンプル具材で、気軽におうちで町中華 ／

極狭POINT
ごくせま

卵と甘酢あんは、
時差使いでワンパン調理

調理道具

●材料（1人分）

ごはん……1膳
カニかまぼこ……5本
卵……2個
塩……少々
サラダ油……小さじ2

A ┌ しょうゆ……小さじ2
  │ 酢……小さじ2
  │ 砂糖……小さじ2
  │ 片栗粉……小さじ1
  └ 水……大さじ4

●作り方

**1** Aを混ぜておく。

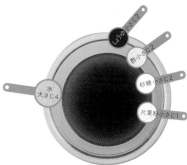

**2** ボウルに卵を溶きほぐして塩を混ぜ、カニかまぼこもさいて混ぜる。皿にごはんを盛っておく。

**3** フライパンに油を入れて弱めの中火にかけ、卵液を入れ大きくかき混ぜ、全体が固まり表面が半熟になったら、ごはんにのせる。

大きくかき混ぜる

弱めの中火
半熟になるまで

**4** 空いたフライパンに、再度混ぜたAを入れて火にかけ、とろみがついたら**3**にかける。

☞ 片栗粉が沈むので入れる直前にも混ぜる

弱めの中火
とろみがついたら火を止める

つぶやき 極狭住人は収納場所も狭いから、どうしても食器の種類が少なくなる。その結果、なんでも丼にしてしまいがち。のっけごはんは極狭の友！

ごはん・めん・パン

# 炊き込み牛丼

調理時間
## 50分
（米の浸水時間含まず）

具材を切ったら、あとは炊飯器におまかせ！

ごくせま
## 極狭POINT

米に具をのせて
炊くだけで、なぜか
牛丼が完成する不思議！

調理道具

## ●作り方

●材料（米1合分）
米……1合
牛切り落とし肉……50g
玉ねぎ……1/4個

A
めんつゆ（3倍）
　……大さじ1
しょうゆ……小さじ1
おろしにんにく
　……小さじ1/2

紅しょうが……適量
七味唐辛子……適量

**1** 米を洗って水（分量外）を入れ、30分ほど浸水させる。

米1合
浸水30分

**2** 玉ねぎは2cm幅に切ってほぐす。牛肉は大きければ約5cmに切る。

玉ねぎ　　　牛肉
1/4個　　　 50g

**3** 炊飯器に水気を切った米とAを入れ、1合の線よりやや少なめに水を注ぐ。牛肉を入れてほぐし、玉ねぎも加えて早炊きモードで炊飯する。

めんつゆ
大さじ1
しょうゆ
小さじ1
おろしにんにく
小さじ1/2
1合の線より
やや少なめの水
肉がかたまらないように
水の中でほぐす
早炊きモードで炊飯

**4** 炊きあがったらかき混ぜ、好みで紅しょうがをのせ、七味唐辛子をふる。

 つぶやき　炊き込んでるから、ごはんの1粒1粒に牛丼味がしみている…。どこを食べても牛丼の味。
豚汁（P.68）と組み合わせれば豪華な定食の完成

# 1人前
# ハヤシライス

＼ チョコレート効果で、あっという間に老舗の味 ／

### ごくせま
## 極狭POINT

パック入り 200mℓの野菜
ジュースが、ジャストサイズ

調理道具

玉ねぎ 1/4 個

●作り方

**①** 玉ねぎを繊維と平行に 3 mm幅に切る。

●材料（1人分）
ごはん —— 1膳
牛切り落とし肉 —— 50g
玉ねぎ —— 1/4 個
小麦粉 —— 大さじ1
バター —— 10g

A ┌ 野菜ジュース —— 200mℓ
　│ ウスターソース
　│　　 —— 大さじ1
　│ チョコレート —— 10g
　└ 塩 —— 少々
コーヒーフレッシュ
　 —— 適宜

バター10g
しんなりするまで
弱めの中火

**②** フライパンに玉ねぎとバターを入れて弱めの中火にかけ、しんなりするまで炒める。

小麦粉大さじ1
粉っぽさが
なくなるまで
弱めの中火

**③** 小麦粉を入れ、粉っぽさがなくなるまで炒める。

**④** 牛肉を加えてほぐし、肉の色が変わったらAを加えて煮る。煮立ったら、かき混ぜながら弱火で5分煮る。

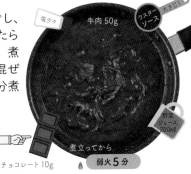
塩少々　牛肉 50g　ウスターソース 大さじ1
野菜ジュース 200mℓ
煮立ってから
弱火5分

チョコレートでコクと苦味、黒い色合いをプラス！
より濃くしたいときはビターチョコがおすすめ
チョコレート10g

**⑤** ごはんにのせて、好みでコーヒーフレッシュをかける。

つぶやき　カレーライスよりハヤシライスのほうが大人感がそこはかとなく漂う。
もて余しがちなルーを使わずに作れるのは、ありがたい！

# 特売刺し盛りの
# ごま漬け丼

刺し身とすりごまのコンビで、おいしくないわけがない！

極狭POINT

ごくせま
**極狭POINT**

刺し身トレーのフタも
すぐに捨てずに、漬けを作る
バットとして有効活用

## ●作り方

**❶** 刺し身のトレーのフタに、Aを合わせてたれを作る。

## ●材料（1人分）

ごはん……1膳
刺し身盛り合わせ
　……1パック
A ┌ めんつゆ（3倍）
　│　……小さじ2
　│ しょうゆ……小さじ1
　└ 白すりごま……小さじ1
わさび……適宜

**❷** 刺し身をたれにからめ、10分以上漬ける。

たれに漬け込む時間はお好みで。しっかり味をつけたい場合は、ラップをして食べるまで冷蔵庫へ ☞

刺し身盛り合わせ1パック

好みの味になるまで漬ける

**❸** ツマはサッと洗ってザルにあげて水気を切る。

水気を切る

**❹** ごはんに**❸**を適量と、**❷**の刺し身をのせ、わさびを添える。**❶**のたれをかける。

つぶやき　半額シール付きの刺し身をねらって閉店間際のスーパーに行く。
売り切れだったときの切なさは、キッチンの広さに関係なく万人共通

# ワンパンぶっこみ
# ミートソース

◣ トマトジュースならではの、フレッシュな味わい ◢

## 極狭POINT
ごくせま

ミートソースを作りながら、
同じフライパンで
スパゲティもゆでてしまう！

調理道具

## ●材料（1人分）

スパゲティ……100g
合いびき肉……100g
玉ねぎ……1/4 個
水……200㎖

A
オリーブオイル
……大さじ1
おろしにんにく
……小さじ1/4

B
トマトジュース
……100㎖
塩……小さじ1/3

粉チーズ……適量

## ●作り方

**1** 玉ねぎをみじん切りにする。

玉ねぎ 1/4 個

**2** フライパンにAと玉ネギを入れて弱めの中火にかけ、しんなりしたらひき肉を加え、粗くほぐしながら炒める。

ひき肉は、やや塊を残すようにすると食べ応えがあっておいしい

オリーブオイル 大さじ1
おろしにんにく 小さじ1/4
合いびき肉 100 g
弱めの中火
肉の色が変わるまで

**3** 肉の色が変わったら水を加え、沸騰したら、麺を半分に折って入れて混ぜる。フタをして弱火で煮る。

スパゲティ 100 g
水 200㎖
フタをする
弱火
表記時間まで

**4** 表記時間になったらBを加え、汁気が少なくなるまで約2分煮る。

塩 小さじ1/3
トマトジュース 100㎖
弱火約2分
汁気がなくなるまで

**5** 皿に盛って好みで粉チーズをかける。

つぶやき

かつて家庭のスパゲティといえばミートソースかナポリタン。
ミートソースの方が少し格上の存在だった気がする

調理時間
**15**分

# ワンパンなのに
# 絶品クリームスパ

ちぎりベーコンでボリューム感、スライスチーズでコクを出す！

極狭POINT
ごくせま

ベーコンもチーズも、
手でちぎって、直接
フライパンに in！

調理道具

## ●材料（1人分）

スパゲティ……100g

ベーコン（ハーフサイズ）

　　　……4枚

玉ねぎ……1/4個

水……200mℓ

A ┌ バター……10g
　│ おろしにんにく
　└　　……小さじ1/4

B ┌ 牛乳……100mℓ
　└ 塩……小さじ1/4

C ┌ スライスチーズ
　│　　……1枚（手でちぎる）
　│ 粗びき黒こしょう
　└　　……少々

## ●作り方

**1** 玉ねぎを縦に5mm幅の薄切りにする。

玉ネギ 1/4 個

繊維と平行に縦切りすると
煮込んでも形が崩れない

**2** ❶とAをフライパンに入れ、弱めの中火にかける。しんなりしたらベーコンをちぎって入れる。

バター 10g　おろしにんにく 小さじ1/4

ベーコン4枚　弱めの中火

**3** 水を加えて沸騰したら、スパゲティを半分に折って入れて混ぜる。フタをして弱火で煮る。

水 200mℓ

フタをする　スパゲティ100 g　弱火　表記時間まで

**4** 表記時間になったらBを加え、汁にゆるいとろみがつくまで2分ほど煮る。Cを加え、チーズが溶けたら皿に盛る。

牛乳 100mℓ　塩小さじ1/4

粗びき黒こしょう 少々

弱火2分

スライスチーズ 1枚

つぶやき　気がつくとパスタ→丼→ラーメン→鍋のくり返しになりがち

# そうめんの
# 冷製トマトパスタ風

夜食にもぴったり。すぐできてスルスル食べられる

極狭POINT
ごくせま

そうめんをゆでたら、
調理はボウルの中で完了。
洗い物をとことん減らす

調理道具

## ●材料（1人分）

そうめん —— 100g

ミニトマト —— 5個

ツナ油漬け缶 —— 小1缶

A ［ 水 —— 大さじ2
　 おろしにんにく
　 　 —— 小さじ1/4
　 塩 —— 小さじ1/4
　 オリーブオイル
　 　 —— 小さじ1 ］

粗びき黒こしょう —— 少々

## ●作り方

**1** ボウルにヘタを取ったミニトマトを入れ、ハサミで粗めに切り、Aと汁気をきったツナ缶を混ぜる。

ミニトマト5個
塩小さじ1/4
水 大さじ2
オリーブオイル 小さじ1
おろしにんにく 小さじ1/4
ツナ缶1缶
ハサミで切る

**2** そうめんを表記時間通りにゆで、水で締める。

そうめん 100g

**3** ❶のボウルにそうめんを入れて和え、仕上げに黒こしょうをふる。

混ぜる

粗びき黒こしょう 少々

つぶやき 「ハサミでなんでも切る」は、極狭あるあるナンバーワン！

97

調理時間
**20**分

# レンジづかいで あんかけ焼きそば

カリッとした麺と、とろーりあんかけのベストマッチ

**極狭POINT**
（ごくせま）

麺をフライパンで焼いている
間にあんをレンジにかけ、
同時調理！

調理道具

## ●作り方

### ●材料（1人分）

焼きそば用蒸し麺⋯⋯ 1玉
白菜⋯⋯100g
カニかまぼこ⋯⋯ 2本
ハム⋯⋯ 2枚
サラダ油⋯⋯小さじ2

A
┌ 水⋯⋯大さじ6
│ しょうゆ⋯⋯小さじ1
│ 砂糖⋯⋯小さじ1
│ ごま油⋯⋯小さじ1
└ 塩⋯⋯ 2つまみ

B
┌ 片栗粉⋯⋯小さじ2
└ 水⋯⋯大さじ1

**①** 焼きそば麺をレンジに
1分かけて温める。

麺をレンチンすると
ほぐれやすくなり、
炒め時間も短縮できる

レンジ
1分

焼きそば麺1袋

**②** 白菜は1㎝幅の細切り
に、カニかまぼこは斜
め半分に、ハムは4つ
割りに切り、すべてボ
ウルに入れる。

カニかまぼこ2本
白菜100g　ハム2枚

**③** フライパンに油を入
れて弱めの中火にか
け、麺を入れてほぐ
し、全体に広げて
焼きつける。

サラダ油小さじ2

表面にしっかり焼き色をつけることで、
カリッとした歯ごたえと香ばしさを楽しめる

弱めの中火　焼き色が
つくまで

**④** ②にAを入れ、ラッ
プをしてレンジで4
分加熱する。

レンジ
4分

混ぜたBを加えてし
っかり混ぜ、さらに
1分レンジ加熱する。

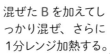

水
大さじ6　しょうゆ小さじ1

砂糖小さじ1

ごま油小さじ1

塩
2つまみ

レンジ
1分

片栗粉小さじ2
＋
水
大さじ1

**⑤** 焼き上がった麺をほぐして器
に盛り、④のあんをかける。

# 同時調理で
# 肉汁つけうどん

太めのうどんには、しっかり味のつけ汁がよく合う

**極狭POINT**

肉も長ねぎもハサミで
切れば手間なしで
洗い物も減！

調理道具

## ●材料（1人分）

冷凍うどん── 1玉
豚バラ薄切り肉── 50g
長ねぎ── 10cm

A
┌ めんつゆ（3倍）
│ ── 大さじ3
│ 水── 150ml
└ ごま油── 小さじ1/2

七味唐辛子── 適宜

## ●作り方

**1** 長ねぎをハサミで1cm幅の斜め切りにしてフライパンに入れ、Aを加えて弱めの中火にかける。

めんつゆ 大さじ3
水 150ml
長ねぎ 10cm
ごま油小さじ1/2
煮立つまで ●● 弱めの中火

**2** 冷凍うどんをレンジに3分かけて解凍する。

※そのままレンジにかけられないものは、耐熱皿に移し、ラップして加熱する。

冷凍うどん1玉
レンジ 3分

**3** **1**が煮立ったら、ハサミで5〜6cm長さに切った豚肉を入れてほぐし、弱めの中火で約2分煮る。

豚肉 50g

長ねぎも豚肉も、ハサミで切りながら直接フライパンに入れると洗い物減

●● 弱めの中火約2分

**4** うどんは冷水にさらして水気を切って皿に盛る。

水気を切る

**5** **3**を器に盛り、好みで七味唐辛子をふり、**4**をつけて食べる。

# 卵でリッチな
# ピザトースト

パンがちぎってあるから食べやすい

**極狭POINT**
ごくせま

食パンに卵をたっぷり吸わせ、
無駄なく使い切る

調理道具

## ●作り方

**1** ボウルに卵を溶きほぐし、食パンを2〜3cm大にちぎって混ぜる。

食パンは固いものでもふわふわのものでもOK

卵1個

食パン1枚

## ●材料 ( 1人分 )

食パン（6枚切り）…… 1枚

卵…… 1個

ベーコン（ハーフサイズ）
　　…… 2枚

オリーブオイル…… 小さじ1

スライスチーズ…… 1枚

トマトケチャップ
　　…… 大さじ1

**2** フライパンに油を入れて弱めの中火にかけ、**1**を入れて均等に広げる。

オリーブオイル
小さじ1

卵に浸したパン

弱めの中火

**3** トマトケチャップを全体にかけ、ベーコン、チーズの順にちぎって散らす。フタをして約4分弱めの中火で蒸し焼きにする。

スライスチーズ
1枚

ケチャップ
大さじ1

ベーコン
2枚

フタをする

弱めの中火約4分

# 復活の呪文
# ソパ•デ•アホ

ソパ・デ・アホはスペインの郷土料理。アホとはにんにくのこと

極狭POINT
ごくせま

包丁を使わない、
主食になる簡単スープ。
固くなったパンが変身！

調理道具

## ●材料（1人分）

**固くなった食パン**
……**1枚分**（6枚切り）

**ソーセージ**……**3本**

**卵**……**1個**

A
┌ **オリーブオイル**
│　……**小さじ1**
│ **おろしにんにく**
│　……**小さじ1/4**
│ **塩**……**小さじ1/4**
│ **野菜ジュース**……**200mℓ**
└ **水**……**100mℓ**

**粉チーズ**……**適量**

**粗びき黒こしょう**……**少々**

## ●作り方

**①** 鍋にAを入れ、ソーセージは半分にちぎって入れ、中火にかける。

**②** 食パンは食べやすい大きさに手でちぎる。

食パン1枚

**③** ①が煮立ったら、②のパンを入れて混ぜ、卵を割り入れる。

卵1個

フタをする　　弱めの中火2分

**④** フタをして弱めの中火で2分ほど煮る。皿に盛り、好みで粉チーズと粗びき黒こしょうをかける。

# 食材使い切りレシピ

残りがちな野菜もこれで安心！

## 大根 1/2 本使い切り

### 大根ひとり鍋

●材料（1人分）
大根 —— 1/4 本
鶏手羽中 —— 200g
豆苗 —— 1/4 パック
水 —— 300mℓ

A ┌ ごま油 —— 小さじ1
　├ 砂糖 —— 小さじ1
　└ 塩 —— 小さじ 1/2

●作り方
① 大根は厚めに皮をむき、1.5cm幅の半月切りに（皮はきんぴらに使用）。
② 大根と鶏肉を鍋に入れ、水を加えて火にかける。煮立ったらアクを取ってフタをし、吹きこぼれない程度の火加減で10分煮る。
③ 大根がやわらかくなったら A を加えてフタをし、さらに約5分ほど煮る。根元を落とした豆苗を加えてサッと煮る。

### 大根きんぴら

●材料（1人分）
大根 —— 1/4 本
大根の皮 —— 1/4 本分
ごま油 —— 小さじ2
しょうゆ —— 大さじ1
砂糖 —— 小さじ2
白いりごま —— 小さじ1

●作り方
① 大根は皮を厚めにむき、5mm幅に切る。皮も5mm幅の細切りに。
② フライパンに油を入れて皮と大根を炒める。表面が透き通ってきたらしょうゆと砂糖を加えて汁気が少なくなるまで炒め、ごまを混ぜる。

# 白菜ひとり鍋

●材料（1人分）
白菜 —— 1/8 個
豚バラ薄切り肉 —— 100g
ニラ —— 1/4 束

A
　水 —— 300ml
　麺つゆ（3倍）—— 大さじ1
　しょうゆ —— 小さじ2
　砂糖 —— 小さじ1
　おろしにんにく —— 小さじ1/2

●作り方
① 白菜は繊維と垂直に1cm幅の細切り、豚肉は4cm長さに切る。鍋にAと豚肉を入れて豚肉はほぐし、白菜を入れて火にかける。
② 煮立ったら弱めの中火で約3分煮て、8cm長さに切ったニラをのせ、しんなりしたら火を止める。

# 白菜のこしょう甘酢漬け

●材料（1人分）
白菜 —— 1/8 個

A
　酢 —— 小さじ2
　砂糖 —— 小さじ1
　塩 —— 小さじ1/2
　こしょう —— 少々

●作り方
① 白菜を繊維と垂直に5mm幅に切ってポリ袋に入れ、Aを入れてふり混ぜ、10分ほどおく。
② 空気を抜き、さらに30分以上漬ける。

# 在庫一掃ドライカレー 残り野菜使い切り

●材料（1人分）

玉ねぎ、長ねぎなどの
　ねぎ類 —— 100g
キャベツ、ピーマン、なすなど
　野菜類 —— 100g
豚ひき肉または豚薄切り肉 —— 50g
サラダ油 —— 小さじ1

A
｜野菜ジュース —— 100mℓ
｜中濃ソース —— 大さじ2
｜カレー粉 —— 小さじ1
｜塩 —— 小さじ1/4

●作り方

① ねぎ類と野菜類を7〜8mm大の
みじん切りに。薄切り肉は食べや
すい大きさ
に切る。

なす　　　豚ひき肉

② 鍋に油を入れ、ねぎ類を弱め
の中火で炒める。しんなりしたら
豚肉を入れ、色が変わったら野菜
類を加える。

サラダ油小さじ1
豚肉
野菜いろいろ
弱めの中火

③ 野菜がしんなりしたらAを加え、
汁気がなくなるまで約3分煮る。

野菜ジュース100mℓ
中濃ソース大さじ2
カレー粉小さじ1
塩小さじ1/4
弱めの中火約3分
汁気がなくなるまで

# 極狭キッチンで
# 献立の章

目からウロコの極狭テクで、爆速でバランス献立が完成。
しかも、豪華でとってもおいしいなんて。
極狭キッチンで献立がパパッとできるあなたは、
もはや自炊マスターです！

30秒裏返しテクで激旨!

主菜

しんなりキャベツに
卵がトロリ

副菜

調理時間
**15**分

# ごほうび
# 牛ステーキ

**+**

# レンジで巣ごもり
# キャベツ卵

ごほうび牛ステーキ
**●材料（1人分）**
牛ステーキ用肉 —— 1枚
粗びき黒こしょう —— 少々
サラダ油 —— 小さじ1/2
A
  しょうゆ —— 小さじ2
  みりん —— 小さじ1
  バター —— 10g

レンジで巣ごもりキャベツ卵
**○材料（1人分）**
千切りキャベツ —— 1袋
卵 —— 1個
B
  塩 —— 少々
  粗びき黒こしょう —— 少々

調理道具

110

## 作り方

**①** 牛肉を室温に戻し、トレーの中で筋切りする。

牛肉1枚

ハサミで筋切り

副菜②へ

主菜③へ

**③** フライパンに油を入れ、牛肉を弱めの中火にかける。薄い焼き色がついたら裏返す。30秒おきに裏返し続け、両面に濃い焼き色がついたら取り出す。食べやすく切り皿に盛る。

30秒裏返し焼きテクで、表面はカリッ、中はジューシー！

サラダ油小さじ1/2

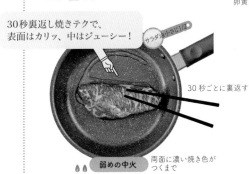

30秒ごとに裏返す

**弱めの中火**　両面に濃い焼き色がつくまで

**④** 牛肉を焼いていたフライパンでAを煮つめ、**③**にかける。

みりん小さじ1

しょうゆ小さじ2

バター10g

（副菜）

## 作り方

**②** 耐熱の盛り皿にキャベツを盛り、中央にくぼみを作って卵を割り、卵黄と卵白の数か所に穴を開ける。Bをふり、ラップをしてレンジに2分かける。

キャベツ1袋

塩少々

粗びき黒こしょう少々

卵黄と卵白に穴を開けないと、レンジ内で爆発するので注意

卵1個

楊枝やフォークで卵黄と卵白に穴を開ける

**レンジ 2分**

レンジにかけた皿に肉を盛れば冷めにくく、洗い物も減

**極狭POINT**（ごくせま）

フライパン＋レンジで、メインと副菜を同時調理

身近な調味料だけ
なのに本格味！

パリシャキっ！
毎日食べたい味

調理時間
**20**分

主菜

副菜

# ラー油で麻婆豆腐＋たたくだけきゅうり

（マーボー）

ラー油で麻婆豆腐

●材料（1人分）

豚ひき肉 —— 100g
木綿豆腐 —— 1/2丁
ごま油 —— 小さじ1

A
水 —— 100㎖
しょうゆ —— 小さじ2
砂糖 —— 小さじ1
おろしにんにく
　—— 小さじ1/2

B
片栗粉 —— 小さじ1
水 —— 小さじ2

ラー油 —— 適量
こしょう —— 適量
一味唐辛子 —— 適量

たたくだけきゅうり

○材料（1人分）

きゅうり —— 1本
ごま油 —— 小さじ1
白ごま —— 小さじ1
塩 —— 少々

調理道具

作り方

① きゅうりの両端を落とし、細い方から叩き、食べやすい長さに切る。

きゅうりの細い方
（ヘタの逆側）は種が
多いからつぶしやすい

きゅうり1本

シャモジなどで
押すようにたたく

主菜③へ

主菜

作り方

③ 豆腐を1.5cm角に切る。

木綿豆腐1/2丁

④ フライパンに油を入れて火にかけ、ひき肉をパラパラになるまで炒める。

豚ひき肉100g

ごま油小さじ1

弱めの中火

パラパラに
なるまで

② 器に入れて油をからめ、白ごまと塩を加えて混ぜる。

ごま油小さじ1

白ごま小さじ1

塩少々

⑤ Aを加えて③の豆腐を入れ、豆腐が色づくまで弱めの中火で4〜5分煮る。

しょうゆ小さじ2

水100ml

砂糖小さじ1

おろしにんにく
小さじ1/2

弱めの中火4〜5分

⑥ Bを混ぜて加え、とろみをつける。仕上げに好みでラー油、こしょう、一味唐辛子を加える。

極狭POINT
ごくせま

フライパンに材料を
投入するだけで
本格中華が完成！

つぶやき　麻婆豆腐にこしょうを多めにふると、さらにパンチが加わる！

ヘルシーなのに大満足！

じゃがとマヨは親友だ！

調理時間
**15分**

主菜

# ささみの焼き油淋鶏

<sub>ユー リン チー</sub>

＋

副菜

# レンジポテサラ

ささみの焼き油淋鶏
### ●材料（1人分）

鶏ささみ肉 —— 2本

長ねぎ —— 5cm

サラダ油 —— 大さじ1

サニーレタス —— 適量

A
- しょうゆ —— 小さじ2
- 酢 —— 小さじ2
- 砂糖 —— 小さじ2

B
- しょうゆ —— 小さじ1
- 水 —— 小さじ1

C
- 片栗粉 —— 大さじ1
- 小麦粉 —— 大さじ1

レンジポテサラ
### ○材料（1人分）

じゃがいも —— 1個

マヨネーズ —— 大さじ2

D
- 酢 —— 小さじ2
- 塩 —— 少々
- 粗びき黒こしょう —— 少々

調理道具

主菜②へ

## 副菜

### 作り方

①　じゃがいもは皮ごとよく洗い、ラップに包んでレンジで4分加熱する。

じゃがいも1個

レンジ
4分

## 主菜

### 作り方

②　長ねぎをハサミでみじん切りにし、Aをからめる。

しょうゆ小さじ2　砂糖小さじ½　酢小さじ2　長ねぎ5cm

長ねぎはハサミで
切ると包丁いらず

③　鶏肉をポリ袋に入れて拳で叩いてのばし、Bを加えてもむ。さらにCを入れてまぶす。

しょうゆ小さじ1　水小さじ1　鶏肉2本　片栗粉大さじ1　小麦粉大さじ1

副菜④へ
主菜⑤へ

④　じゃがいもの皮を手でむいてボウルに入れ、Dを加えてつぶして混ぜ、マヨネーズを混ぜる。仕上げに黒こしょうをふる

マヨネーズ大さじ2　酢小さじ2　塩少々

⑤　フライパンに油を入れ、❸を並べて弱めの中火にかけ、焼き色がついたら裏返し、約2分焼いて取り出す。

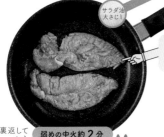

サラダ油大さじ1

ささみを薄くのばしたので
少ない油でもカリッと仕上がる

裏返して
から　弱めの中火約2分

⑥　❺を食べやすい大きさに切って❷をかけ、一口大にちぎったサニーレタスを添える。

### 極狭POINT

ささみ肉を伸ばすのも、
下味つけも、衣つけも
すべて同じポリ袋で

つぶやき　3月3日は、ささ（33）み（3）で、ささみの日

冷ます間に味がしみしみ

クタクタ加減が
絶妙な歯応え！

主菜

# スピード煮豚 ＋ レンジレタス

副菜

スピード煮豚
## ●材料（1人分）

豚肩ロース厚切り肉 —— 1枚

ゆで卵 —— 1個

水 —— 大さじ5

A
[ しょうゆ —— 大さじ1
  砂糖 —— 大さじ1
  おろししょうが —— 小さじ1/4

レンジレタス
## ○材料（1人分）

レタス —— 1/4個

ごま油 —— 小さじ1

塩 —— 少々

調理道具

## 作り方

**1** 豚肉はトレーのままハサミで筋切りする。ゆで卵は殻をむく。

豚肉1枚
ゆで卵1個

**極狭POINT**

長時間煮込まなくても、冷める間に勝手に味がしみこむ

**2** 鍋にA、**1**を入れ、水を加えて弱めの中火にかけ、煮立ったら上下を返し、約5分煮る。

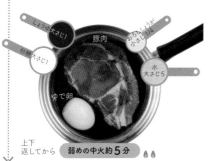

しょうゆ大さじ1
豚肉
おろししょうが小さじ1/4
砂糖大さじ1
水 大さじ5
ゆで卵

上下返してから **弱めの中火約5分**

**3** 火を止めて粗熱を取る。

副菜**4**へ

**6** 豚肉とゆで卵を食べやすく切り、皿に盛る。好みでからしを添えてもおいしい。

主菜**6**へ

副菜

## 作り方

**4** レタスの根元をちぎって落とし、半分に割って耐熱皿にのせ、ラップをしてレンジで1分加熱する。

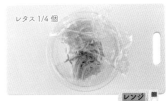

レタス1/4個

レンジ1分

**5** 油をかけて塩をふる。

つぶやき　肉をそぎ切りにすると断面が大きくなるので、まるでブロック肉で作ったよう！

これはもはや
チャンプルーの新定番

もずく酢の酸味と
甘みを活かす

調理時間
**12**分

主菜

副菜

# ゴーヤを超えた！きゅうりチャンプルー ＋ トマトともずくの酸辣湯（サンラータン）

ゴーヤを超えた！ きゅうりチャンプルー
## ●材料（1人分）
きゅうり —— 1本
豚バラ薄切り肉 —— 50g
卵 —— 1個
サラダ油 —— 小さじ1
A
しょうゆ —— 小さじ1
みりん —— 小さじ1
塩 —— 少々

トマトともずくの酸辣湯
## ○材料（1人分）
ミニトマト —— 5個
もずく酢 —— 1パック
きゅうりの種 —— 1本分
水 —— 大さじ4
塩 —— 少々
ラー油 —— 適量
こしょう —— 適量

調理道具

## 作り方

**1** きゅうりは両端を落として縦半分に切り、スプーンの柄で種を除き、1cm幅5cm長さの斜め切りにする。豚肉は4cm長さに切る。

きゅうり1本

豚肉 50g

きゅうりの種を取るとシャキッと仕上がる。
除いた種はスープに活用してムダなし

副菜②へ

**極狭POINT**

微妙に使いきれない
ゴーヤの代わりに、
きゅうりが大活躍

**副菜**

## 作り方

**2** トマトは耐熱容器に入れてハサミで半分に切る。

ミニトマト
5個

**3** ②に**1**のきゅうりの種、もずく酢、水、塩を加え、ラップをしてレンジに3分かける。

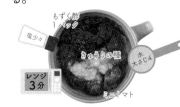
もずく酢
1パック
塩少々
きゅうりの種
水
大さじ4
レンジ
3分
ミニトマト

**4** フライパンに油を入れて弱めの中火にかけ、豚肉を炒める。肉の色が変わったら**1**のきゅうりを入れ、しんなりするまで炒める。

サラダ油小さじ1
きゅうり
豚肉
弱めの中火
肉の色が変わったら
きゅうりを投入

主菜④へ

**5** Aを加え、溶き卵を入れてさっと混ぜる。

しょうゆ小さじ1
みりん小さじ1
塩少々
弱めの中火

副菜⑥へ

**6** ③にラー油を入れ、こしょうをふる。

つぶやき　きゅうりのヤツ、チャンプルーにしたらK点超えてきた

トマトにふわふわ卵を
まとわせる

**主菜**

ポリ袋で
サラダが完成

**副菜**

調理時間
**15**分

# 定番中華
# トマトの卵炒め ＋ 水菜の
# しらすサラダ

定番中華トマトの卵炒め
●**材料（1人分）**

トマト —— 1個

長ねぎ —— 5cm

卵 —— 1個

サラダ油 —— 小さじ2+小さじ1

A
┌ 水 —— 大さじ2
│ 砂糖 —— 小さじ1
└ 塩 —— 2つまみ

水菜のしらすサラダ
○**材料（1人分）**

水菜 —— 1/3束（70g）

しらす干し —— 10g

長ねぎ —— 5cm

B
┌ しょうゆ —— 小さじ1
│ 酢 —— 小さじ1
│ オリーブオイル
└ —— 小さじ1

調理道具

主菜②へ

## 副菜

### 作り方

① ポリ袋にしらす干しと**B**を入れる。水菜を5cm長さに切って入れる。

しらす干し10g

水菜1/3束

副菜③へ

③ **②**の長ねぎの半量を水菜のポリ袋に入れ、ふって混ぜる。

水菜＋長ねぎ

## 主菜

### 作り方

② 長ねぎは粗みじん切りに。トマトはヘタを取って8等分に切る。卵を溶きほぐす。

長ねぎ10cm
主菜へ　副菜へ

トマト1個

卵1個

④ フライパンに油を入れて火にかけ、溶き卵を入れて大きくかき混ぜて火が通ったら盛り皿に取り出す。

主菜④へ

サラダ油小さじ2

弱めの中火

⑤ **④**のフライパンに油、トマト、残りの長ねぎを入れてサッと炒める。**A**を加えてトマトの表面が溶けてきたら卵を戻し、ほぐしながら炒め、なじんだら火をとめる。

水大さじ2　砂糖小さじ1　塩2つまみ　サラダ油小さじ1

弱めの中火
なじむまで

### ごくせま 極狭POINT

長ねぎをみじん切りにしたら主菜と副菜、両方に活用！

つぶやき　切れ味が悪い包丁でトマトを切るときは、包丁の刃の先端を刺して切り込みを入れ、そこを取っかかりにして切ると切りやすい

極狭キッチンで献立

味しみ豆腐が
おふくろの味

ササッとできる
韓国定番おかず

調理時間
**18分**

主菜

# ほったらかし肉豆腐 ＋ レンジもやしナムル

副菜

ほったらかし肉豆腐
● **材料（1人分）**

豚バラしゃぶしゃぶ用肉
　　……50g

焼き豆腐 …… 1/2 丁

玉ねぎ …… 1/4 個

A
| 水 …… 100㎖
| めんつゆ (3倍) …… 大さじ2
| しょうゆ …… 大さじ 1/2

レンジもやしナムル
○ **材料（1人分）**

もやし …… 150g

B
| 白すりごま …… 小さじ2
| ごま油 …… 小さじ1
| 塩 …… 2つまみ

調理道具

122

## 作り方

**①** 玉ねぎは2cm幅のくし型に、豆腐は4等分に切る。

玉ねぎ
1/4 個

焼き豆腐
1/2 丁

**②** 鍋にAを入れ、豚肉を入れてほぐす。

めんつゆ
大さじ2

しょうが大さじ1/2

水 100ml

豚肉 50g

**③** ②の鍋に①を加え、フタをして弱めの中火にかける。

フタをする

弱めの中火　煮立つまで

→ 副菜④へ

**⑤** 煮立ったらフタを取り、弱めの中火で7〜8分煮る。

弱めの中火7〜8分

→ 副菜⑥へ

---

### 極狭POINT

鍋とレンジでの合わせワザで超速同時調理

---

主菜⑤へ ←

副菜

## 作り方

**④** 耐熱容器にもやしを入れてラップをし、レンジで2分加熱する。

もやし 150 g

レンジ
2分

**⑥** もやしの水気を捨て、Bを加えて混ぜる

白すりごま小さじ1

ごま油小さじ1

塩
ひとつまみ

---

パスタの代わりに野菜で
糖質カット！

缶ごと加熱で
洗い物なし！

主菜

副菜

# ナポリタン野菜炒め + ツナの缶ごと焼き

## ナポリタン野菜炒め

**●材料（1人分）**

カット野菜（野菜炒め用）—— 1袋

ソーセージ —— 3本

卵白 —— 1個分

サラダ油 —— 小さじ2

A ┌ トマトケチャップ —— 大さじ2
　└ しょうゆ —— 大さじ1/2

粉チーズ —— 適量

タバスコ —— 適量

## ツナの缶ごと焼き

**○材料（1人分）**

ツナ油漬け缶 —— 1缶

卵黄 —— 1個分

塩 —— 少々

粉チーズ —— 小さじ1/2

調理道具

主菜

## 作り方

**❶** ソーセージは1cm幅に切る。
卵は卵黄と卵白に分けてお
く。

ソーセージ3本

卵白1個分　卵黄1個分

主菜へ　　副菜へ

副菜②へ

副菜

## 作り方

**❷** ツナ缶の油を少し捨てて塩
を混ぜ、❶の卵黄をのせ、
粉チーズをかける。トース
ターに入れて5分焼く。

主菜❸へ

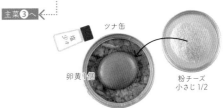
ツナ缶
卵黄1個
粉チーズ
小さじ1/2

トースター
5分

**❸** フライパンに油を入れてソ
ーセージを弱めの中火でサ
ッと炒め、野菜を加える。
しんなりしたら卵白を加え
て大きく混ぜる。卵白が固
まったら**A**を入れて炒める。

サラダ油小さじ2
しょうゆ大さじ1/2
トマトケチャップ大さじ2
カット野菜1袋
弱めの中火
卵白

**❹** 皿に盛り、好みで粉チーズ
とタバスコをかける。

### 極狭POINT
ごくせま

缶詰の缶を
そのまま容器に使って
時間と手間を大幅に減!

こんなサラダが
食べたかった！

バターとしめじの
ゴールデンコンビ

調理時間
**15**分

主菜

# お好み焼きみたいな
# もりもりサラダ

副菜

**+** # きのこの
# ホイル焼き

お好み焼きみたいなもりもりサラダ
## ●材料（1人分）
千切りキャベツ —— 1袋
豚バラ薄切り肉 —— 50g
塩 —— 少々
卵 —— 2個
かつお節 —— 1g
サラダ油 —— 小さじ1
中濃ソース —— 適量
マヨネーズ —— 適量

きのこのホイル焼き
## ○材料（1人分）
しめじ —— 100g
バター —— 10g
B [ 塩 —— 2つまみ
おろしにんにく —— 少々

調理道具

① しめじは石づきを除いて粗くほぐす。アルミホイルを30cmに広げ、しめじとバターをのせて B をかける。

しめじ 100 g　　バター 10g

② 中に空気を入れるように端を折りたたんで包む。トースターに入れて 10 分ほど焼く。

トースター10分

アルミホイルでふっくら包む

③ 豚肉をトレーの中でハサミで2cm幅に切る。

豚肉 50g

主菜③へ

④ フライパンに油と③を入れて塩をふり、弱めの中火にかける。豚肉をほぐしながら炒め、色が変わったら卵を割り入れる。

サラダ油小さじ1

卵2個

塩少々

豚肉 50g

弱めの中火　卵白に火が通るまで

⑤ 卵白に火が通ってきたら、崩しながら炒める。半熟になったら火を止め、かつお節とキャベツを入れて混ぜる。皿に盛り、好みで中濃ソースとマヨネーズをかける。

かつお節1g

千切りキャベツ1袋

キャベツの食感を残すため火を入れ過ぎないように余熱で

極狭POINT

トースターで作れるホイル焼きは極狭の味方

つぶやき　ホイルに残った蒸し汁はきのこの旨みがたっぷり。パンに浸して食べると美味

主菜

買いおき定番缶詰で
深みある味わい

# なすとサバ缶の
# 野菜スープ

＋

副菜

みんな大好き
シンプルサラダ

# カット野菜の
# コールスロー

**なすとサバ缶の野菜スープ**

●材料（1人分）

なす ── 1本

サバ水煮缶 ── 1缶

野菜ジュース ── 100㎖

A
　オリーブオイル
　　── 小さじ2
　塩 ── 2つまみ
　水 ── 大さじ3

**カット野菜のコールスロー**

○材料（1人分）

千切りキャベツ（ミックス）── 1袋

コーン缶 ── 1缶

水 ── 大さじ1

塩 ── 小さじ1/4

マヨネーズ ── 大さじ2

砂糖 ── 小さじ1/2

調理道具

副菜

## 作り方

① 千切りキャベツの袋に水と
塩を入れて混ぜる。

主菜②へ

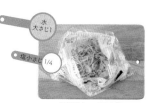

千切りキャベツ1袋

主 菜

## 作り方

② なすを乱切りにする。

なす1本

③ なすを鍋に入れて A をからめ、
サバ缶と野菜ジュースを入れて、
フタをして弱めの中火にかける。
煮立ったら弱火で5分煮る。

④ キャベツの水気を絞って盛
り皿に入れ、コーン缶を加
えてマヨネーズと砂糖を混
ぜる。

フタをする

弱めの中火 5分

煮立ってから

副菜④へ

コーン缶1缶

水気を絞る

## 極狭POINT
ごくせま

コールスローの下味は、
千切りキャベツの袋の中で
つけてしまう

つぶやき　缶詰の賞味期限はだいたい2〜3年。
サバ缶は、できたてより1年以上経ったものが熟成されておいしいらしい

# 洋風つまみ

ガーリックトースト

ねぎとろカルパッチョ

アボカドの
丸ごとグラタン

# ねぎとろカルパッチョ

ねぎとろ50g
細ねぎ小口切り2本分
かいわれ大根 1/4 パック

●材料（1人分）

ねぎとろ用まぐろ —— 50g
細ねぎ —— 2本
かいわれ大根 —— 1/4 パック
粗びき黒こしょう —— 少々
オリーブオイル —— 小さじ1
塩 —— 少々

●作り方

細ねぎとかいわれ大根はハサミで小口切りにする。皿にねぎとろをのせ、オリーブオイルと塩をかけ、細ねぎとかいわれ大根をのせて黒こしょうをふる。

# アボカドの丸ごとグラタン

●材料（1人分）

アボカド —— 1/2 個
ピザ用チーズ —— 10g
塩 —— 少々
粗びき黒こしょう —— 少々

●作り方

アボカドは種を除き、断面に塩と粗びき黒こしょうをふり、チーズをのせる。トースターを予熱して、アボカドを並べて6〜7分焼く（バゲットと一緒に焼くとよい）。焼き色がついたら取り出す。

アボカドにすべてのせて焼く

トースター
6〜7分
一緒に焼く

# ガーリックトースト

●材料（1人分）

バゲット —— 2切れ
オリーブオイル —— 小さじ1
おろしにんにく —— 小さじ 1/4

●作り方

バゲットにオリーブオイルとにんにくを塗る。トースターを予熱して、バゲットを並べて6〜7分焼く（アボカドと一緒に焼くとよい）。焼き色がついたら取り出す。

油とにんにくを塗って焼く

# 和風つまみ

おにぎり茶漬け

トースターねぎみそ厚揚げ

めかぶきゅうり

# トースターねぎみそ厚揚げ

●材料（1人分）

厚揚げ —— 1/2 枚

長ねぎ —— 5 cm

みそ —— 大さじ1/2

●作り方

長ねぎをみじん切りにする。厚揚げの断面に切り目を入れてポケットを作り、みそと長ねぎを詰める。トースターで中まで温まるまで7〜8分焼き、食べやすい大きさに切る。

トースター
7〜8分

厚揚げにねぎとみそを詰めて焼く

# めかぶきゅうり

●材料（1人分）

めかぶ —— 1パック

きゅうり —— 1/2本

しょうゆ —— 小さじ1

おろししょうが —— 適量

キュウリ 1/2本

めかぶ1パック

●作り方

きゅうりを5mm幅の細切りにし、皿に入れてめかぶを混ぜ、しょうがをのせてしょうゆをかける。

# おにぎり茶漬け

●材料（1人分）

昆布おにぎり（市販）—— 1個

緑茶 —— 200mℓ

梅干し —— 1個

梅干し　おにぎり

あつあつの緑茶をかける

●作り方

おにぎりをレンジで軽く温めて皿に入れ、梅干しをのせる。食べるときに熱い緑茶をかける。

# エスニックつまみ

レンジ棒々鶏

チョレギサラダ

キムチ卵クレープ

## レンジ棒々鶏
（バンバンジー）

ささみは
レンジ加熱がラク

●材料（1人分）

鶏ささみ肉 —— 1本
ごまドレッシング（市販）
　—— 大さじ1/2

A ┌ 水 —— 大さじ2
　└ 塩 —— 少々

ラー油 —— 適量

●作り方

耐熱ボウルに鶏肉を入れてAをからめる。ラップをしてレンジに1分半かけ、そのまま粗熱を取る。鶏肉を取り出し、包丁の腹で押しつぶして裂き、ごまドレッシングと好みでラー油をかける。

## チョレギサラダ

●材料（1人分）

サニーレタス —— 1/6個

A ┌ しょうゆ —— 小さじ1
　│ 砂糖 —— 小さじ1
　│ 酢 —— 小さじ1
　│ ごま油 —— 小さじ1
　└ 白いりごま —— 小さじ1

ドレッシングを作る

ちぎったレタスを和える

●作り方

ポリ袋にAを入れてドレッシングを作る。レタスをちぎって加え、和える。

## キムチ卵クレープ

●材料（1人分）

卵 —— 1個
ごま油 —— 小さじ1
スライスチーズ —— 1枚
キムチ —— 20g

●作り方

フライパンに油を入れて火にかける。溶きほぐした卵を流し入れて広げ、チーズとキムチをのせて、半分に折りたたみ、食べやすい大きさに切る。

# 極狭キッチン使いこなしテク

## 食材の保存

極狭キッチンは収納スペースも狭い。食材や調味料は、ポーションの小さいものを選び、短期間で使い切ること。保存は食材ごとに適した場所を把握するべし!

### 常温保存

米や乾麺など、湿気に弱いものは密閉容器に。いずれも高温多湿や直射日光を避け、火気のない場所で保存。開封前の調味料は常温で OK。

米、パン、乾麺

塩、砂糖

みりん、酒、酢

サラダ油、ごま油

乾物

缶詰

にんじん、じゃがいも、玉ねぎ（丸ごとのもの）

### 冷蔵保存

傷みやすい葉物野菜やカットした野菜は野菜室へ。調味料やパン粉は開封したら冷蔵庫に。みそはラップし、マヨネーズは中の空気を抜けば万全。

葉物野菜、カット野菜

きのこ

卵、豆腐

肉、魚

調味料（しょうゆ、めんつゆ、ソース、マヨネーズ、ケチャップなど）

みそ

チューブ入りのにんにくやしょうが

パン粉

極狭自炊生活をさらに快適にするちょっとしたコツを紹介。
ここまでできたら、もはや達人レベルだ！

# 食材の冷凍

買い置きや残った肉や魚介類などの長期保存は、冷凍がおすすめ。丸ごと冷凍せず、いかに使いやすく冷凍できるかが重要だ！

## 小分け冷凍

肉や切り身の魚、バターなどは、1回に使うサイズに小分けして冷凍。長ねぎは小口切りにしてラップなどで包んで密閉状態に。

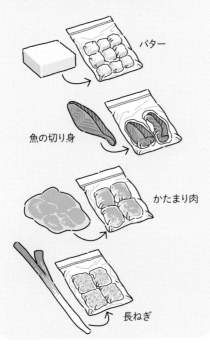

バター

魚の切り身

かたまり肉

長ねぎ

## 割って使える冷凍

冷凍用保存バッグなどに食材を入れ、薄い板状にして凍らせる。そのとき、薄切り肉やひき肉は、1食分サイズのところで箸を押しつけ、溝を作っておく。こうすると1回分ずつ割って使える。

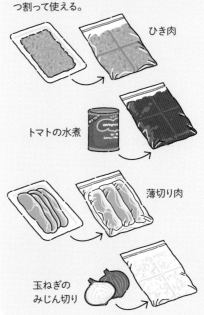

ひき肉

トマトの水煮

薄切り肉

玉ねぎの
みじん切り

## 冷凍向きの食材

肉・魚・エビ、イカ、貝類・
固めにゆでた野菜
　（ブロッコリー、にんじん、青菜類）
納豆・油揚げ・たらこ・明太子
きのこ類・バター・ピザ用チーズなど

## ⚠ 冷凍に向かない食材

水分量の多い生野菜 (レタス、きゅうりなど)・ごぼう
じゃがいも・牛乳・切り餅
マヨネーズ・ヨーグルト
豆腐・こんにゃくなど
※高野豆腐や凍みこんにゃく好きなら、冷凍OK

# 洗い物・片づけ

極狭キッチンのシンクは、あっという間に洗い物の山ができがち。効率的かつ合理的に洗うコツをつかもう。

## 片づけながら料理する

調理道具を使ったらシンクにためず、すぐ洗う。菜箸や計量スプーンなどは、調理中はさっと洗いにとどめ、調理後にまとめて洗っても。

## 汚れが少ないものから洗う!

洗い物は汚れが少ないものから。はじめはグラスや水につけておいたご飯茶碗や皿、油がついている食器や調理道具は最後に洗うと効率的。

Start!

## トレーや紙パックを活用!

肉や魚が入っていたトレーはボウル代わりに、牛乳の紙パックは開いてまな板に。使い終えたらサッと流して捨てればOK。

## 油ものは重ねずふいてから洗う

油で汚れた食器を重ねると、他の皿の裏が油まみれに。洗う前にキッチンペーパーなどで油を拭いておこう。洗剤のムダ使いも防げる。

# ゴミ減量・消臭

生ゴミが臭う大きな原因は水分。水分をしっかり切ってから捨てるだけで、問題はかなり解決する。食材は使い切れる分だけ購入し、生ゴミ自体を減らそう。

## 三角コーナーを**やめる**

雑菌が繁殖しやすい三角コーナーは置かず、生ゴミはポリ袋に直行！ シンク内も広く使えて一石二鳥。

## 生ゴミの**水を切って**口をしばる

生ゴミを入れたポリ袋はしっかり口をしばり、レジ袋などに入れてから捨てる。臭いもれを防ぐべし。

## 排水口に**ネットをつける**

排水口の臭い対策にはゴミ受けとなるネットをつけて、細かいゴミもしっかりキャッチ。

## 生ゴミを冷凍してしまう裏ワザ

ゴミ捨ての日まで冷凍しておけば、臭いの心配もなくコバエも発生しない。くれぐれも捨て忘れには注意しよう。

# 素材別さくいん　※それぞれの素材の中はページ順に並べています。

著者

# きじま りゅうた

料理研究家。男性のリアルな視点から考えた「若い世代にもムリ
のない料理」の作り方を提案し、おいしいレシピの数々には多く
のファンがいる。祖母・村上昭子と母・杵島直美が料理研究家
という家庭に育ち、幼い頃から料理に自然と親しむ。テレビ番組
「NHK きじまりゅうたの小腹すいてませんか」「NHK きょうの料理」
「NHK あさイチ」「CBC キユーピー 3 分クッキング」などへのレギュ
ラー出演をはじめ、WEB や雑誌でのレシピ紹介、料理教室やイ
ベント出演などを中心に活動し、著書も多数。取材を通して一般
家庭で料理する機会も多く、大小さまざまなキッチンの使い方を
日々、学んでいる。本書の制作中は極狭キッチンの住人が憑依し、
極狭テク満載の絶品レシピが多数誕生した。
公式 YouTube「きじまごはん」も好評配信中。

料理アシスタント：野村有美子／金城陽子

写真：松久幸太郎

マンガ・イラスト：宮内 藍

装丁・本文デザイン：横田洋子

スタイリング：黒木優子

ライター：平沢千秋

編集・構成：小沢映子

## 極狭キッチンで絶品！自炊ごはん

2024年 3月25日　初版発行

著　者　　きじま りゅうた
発 行 者　　富 永 靖 弘
印 刷 所　　公和印刷株式会社

発行所　東京都台東区　株式　　新星出版社
　　　　台東 2 丁目24　会社
　　　　〒110-0016 ☎03(3831)0743

© Ryuta Kijima　　　　　　　　Printed in Japan

### ISBN978-4-405-09455-0